O PODER DO
RELAXAMENTO

EDITORA AFILIADA

Coleção
O PODER DO PODER

Agradecimentos

Ousadamente, acredito que a coleção **O Poder do Poder** é um momento novo na indústria do livro. Um novo conceito de "construir e escrever" livros está nascendo — o livro-clipping.

Este sonho empresarial foi e é um desafio no jogo da vida. Aliás, este jogo — descobri — não é um jogo *ganha-perde* ou *perde-ganha*, é um jogo *ganha-ganha*. Todos ganham, culturalmente. Do autor ao leitor.

Quando começo a pensar nos difíceis estágios por que passou este projeto, não posso deixar de lembrar a importante colaboração que recebi de várias pessoas, sem as quais não seria possível a sua realização material.

Com orgulho literário, agradeço a todas essas pessoas, físicas e jurídicas — pesquisadores, programadores, jornalistas, escritores, advogados, empresários, diretores de editoras, de gráficas, de jornais e TVs — o apoio direto ou indireto que ofereceram à realização deste trabalho. Sem a solidariedade, profissional e humana, desses amáveis colegas de trabalho, este projeto editorial jamais teria sido possível.

A todos, minha infinita gratidão.

O Editor

Coleção
O PODER DO PODER

O PODER DO
RELAXAMENTO

O homem moderno é uma criatura estressada. Aprender a relaxar é o caminho para uma vida saudável, produtiva e feliz.

25

VOCÊ TEM O PODER DE MUDAR A SUA VIDA

LIVRO MARTIN CLARET CLIPPING

Coleção
O PODER DO PODER

Idealização e Realização
Martin Claret

Pesquisa e Organização
Henrique Santos

Projeto Gráfico
José Duarte Teixeira de Castro

Digitação
Celina Vian Marques

Revisão
Marcos D. Agathão

Editoração Eletrônica
Bypress Comunicação

Direção de Arte
José Duarte Teixeira de Castro

Fotolito da Capa
OESP

Fotolitos em Editoração Eletrônica
Publishop Informática Visual e Editorial

Papel
Off-set/ 87 x 114 x 90g

Impressão e Acabamento
Cromosete Gráfica e Editora

EDITORA MARTIN CLARET
Rua Alegrete, 62 - Bairro Sumaré - CEP 01254-010
Tel.: (11) 3672-8144 - Fax: (11) 3673-7146
São Paulo - SP

www.martinclaret.com.br
comercial @martinclaret.com.br

| LIVRO | MARTIN CLARET | CLIPPING |

O Livro Vivo

MARTIN CLARET

O poder da informação

O homem é um animal neurolingüístico. Ele cria sua realidade a partir do pensamento e da palavra. Sua potencialidade é quase infinita. O conhecimento de si mesmo é a sua meta suprema.

Essa escalada do homem é uma imensa epopéia cósmica, e neste contexto cada criatura é um herói. Mas o início dessa escalada cultural foi terrivelmente difícil.

Vivemos, hoje, na "idade da informática". Não mais fazemos parte de uma cultura coletora, agrícola ou industrial, mas de uma cultura da informação. Vivemos numa época de profundas mudanças. Novas idéias e novos movimentos mudam o mundo quase que diariamente. Essas mudanças vêm a nós através de livros, jornais, cinema, teatro, filmes, chips de computador, etc. Nesta nova sociedade, quem tiver mais informações, tem maior poder. John Galbraith, o iluminado autor de A Era da Incerteza, proclamou: "Dinheiro é o combustível da sociedade industrial. Mas na sociedade da informática o combustível, o poder, é o conhecimento. Vê-se agora a estrutura de uma nova classe dividida entre aqueles que têm informação e os que devem atuar na ignorância. Esta nova classe não tem poder no dinheiro, ou na terra, mas no conhecimento."

Hoje, essa chave do poder do conhecimento é acessível à maioria dos seres humanos.

Definição de poder

Poder. Nada exerce mais atração sobre os seres humanos do que essa palavra mágica. Nenhuma paixão é mais duradoura, nenhuma companhia mais constante. O poder é uma das mais legítimas emoções humanas. Sua motivação são os resultados. Agir para ser mais.

Poder é uma palavra incrivelmente emocional. Diante dela são infinitas nossas reações. Cada um tem um conceito pessoal da palavra poder. Para muitas pessoas ela tem uma conotação negativa. Outras, explícita ou secretamente, cobiçam o poder. Os mais ortodoxos suspeitam do poder. Cada um tem uma definição própria para o vocábulo poder.

Como uma cultura, nós temos sido ambivalentes a respeito do poder. Não obstante, poder — que deriva do latim potere, "ser capaz" — é energia. Sem poder não há ação ou movimento. Poder é um assunto central da transformação do ser humano.

Eu proclamo o Poder Correto — o poder usado não como instrumento negativo ou para glorificar o ego, mas a serviço da Vida. O poder como um ato de sabedoria e não como um instrumento para manipular pessoas. Poder compartilhado, e não o poder imposto.

Poder é a capacidade e habilidade de mudar nossas vidas. É a habilidade de definir as necessidades humanas e resolvê-las. Poder é energia.

O amor ao poder

Michael Korda, o editor-chefe da poderosa editora Simon & Suster — ele mesmo participante do fascinante jogo do poder —, no seu best-seller Poder, Como Conquistá-lo, Como Utilizá-lo, nos dá didaticamente as principais normas para criar poder.

Para completa informação de meus leitores, passo a transcrevê-las.

Primeira: "Pratique cada ação como se fosse a única coisa que realmente importa no mundo." Segunda: "Nunca revele aos outros tudo a teu respeito; guarde alguma coisa de reserva, para que eles nunca tenham certeza de que realmente te conhecem." Terceira: "Aprende a usar o tempo e pense nele como um amigo, não como um inimigo. Não o desperdices indo atrás de coisas que não desejas." Quarta: "Aprende a aceitar os teus erros. Não sejas perfeccionista a respeito de tudo." Quinta e última norma: "Não cries ondas; move-te suavemente, sem complicar as coisas."

Como homem, para quem o único limite do poder é o limite de acreditar, Michael Korda, nos dá, ainda, este ensinamento essencial: "Quanto mais mecânico e complicado for o nosso mundo, mais precisamos da simplicidade do poder para nos guiar e proteger. É o único dom que nos permite continuar sendo humanos num mundo desumano — porque o amor ao poder é o amor por nós mesmos."

A gênese da coleção O Poder do Poder

Sou editor de livros. O universo da minha vida sempre gravitou em torno de ler livros e "fazer livros". Sempre amei o livro em todas as suas formas e sempre acreditei na função do livro. Para mim o livro tem o poder de mudar as pessoas, e de mudar o mundo. Há 20 anos proclamo o princípio cultural de "Ler mais para ser mais".

Na juventude e mesmo como adulto sempre copiei, recortei ou xeroquei textos de "especial importância" para o desenvolvimento do potencial humano. Formei pastas e pastas desse material informativo — para meu uso e eventualmente para o uso dos amigos. Essa idéia foi inspirada no genial DeWitt Wallace, o fundador da Reader's Digest (a nossa Seleções) — o projeto editorial de maior sucesso em todo o mundo. DeWitt também, antes de fundar sua revista "praticava" esse singular hobby de colecionar recortes de artigos de interesse permanente — aliás, essa foi a idéia que deu origem à sua famosa revista multinacional. Mais tarde, usei parte desse meu material e o know-how adquirido em minha atividade profissional. Esta é a gênese da coleção **O Poder do Poder** e de outros trabalhos editoriais realizados por mim.

O Livro-clipping

O útil *Dicionário de Comunicação*, de Carlos Alberto Rabaça/Gustavo Barbosa, publicado pela Editora Codecri, define a palavra inglesa **clipping**, assim: *1. Serviço de apuração, coleção e fornecimento de recortes de jornais e revistas sobre um determinado assunto, sobre as atividades de uma empresa ou instituição, sobre determinada pessoa, etc. É realização geralmente da organização, pela agência de RP ou de Publicidade que atende à empresa, ou por uma agência especializada neste tipo de serviço (conhecida como agência clipper). 2. Recorte de jornal. 3. O conjunto de recortes, recebido pelo interessado."*

Sem o saber, inconscientemente, ao colecionar e "organizar" os meus recortes, sempre vinha exercendo o ofício de organizar clipping, embora fosse para uma só pessoa — para mim mesmo.

Impulsionado por várias circunstâncias, depois de alguns anos, já como editor, resolvi usar os meus conhecimentos para elaborar esta coleção, usando o mesmo princípio do clipping. Dei uma estrutura mais refinada ao material de texto, organizei os assuntos, criei uma capa — e eis o livro-clipping. O grande e principal objetivo é difundir conhecimentos especializados, e transformar as pessoas. Sempre fui centrado nessa magnífica obsessão.

Estrutura textual da coleção

Estatísticas nos Estados Unidos revelam a incrível constatação: quase 50% das pessoas que compram livros não os lêem até o final. No Brasil não é diferente. Motivos: além de hábitos culturais improdutivos, descuidos de editoração contribuem para essa lamentável situação.

A coleção **O Poder do Poder** é um esforço para corrigir, qualitativamente, algumas dessas falhas. Minha meta principal é apresentar um novo conceito de fazer livros — o livro-clipping. O livro essencializado, de interesse permanente, com texto na medida certa e de agradável diagrama. Livro de fácil leitura.

A coleção é aberta — são aceitas sugestões de títulos e de assuntos. O próprio leitor torna-se um colaborador.

Embora esta coleção tenha estrutura de continuidade, cada livro possui sua autonomia própria. É um livro com começo, meio e fim. Os textos são capítulos essenciais extraídos de publicações nacionais e estrangeiras com afinidade de assunto, formando sinergeticamente um material redacional de grande coerência. A integridade do texto original é totalmente conservada.

Aos leitores que tenham interesse em aprofundar o assunto tratado em cada capítulo, recomendamos a leitura do livro original. Desejamos, mesmo, que os textos de cada capítulo motivem o leitor a uma consulta mais extensa ao livro-matriz. Aliás, esta é a essência do livro-clipping — provocar interesse e informar.

Mensagem cultural

A Galáxia de Johann Gutenberg (1400-1468) continua em expansão. A "idade da informática" ilumina mentes e corações. O homem continua sua fantástica escalada cultural. Nesse imenso universo vivo, o livro é a maior fonte de conhecimento e poder.

Livro muda as pessoas.
Livro muda o mundo.
"Ler mais para ser mais."

APRENDENDO A
RELAXAR
Herbert Benson e
Miriam Z. Klipper
Formato: 14 x 21
100 páginas
Editora Artenova
Tel.: (021) 264-6852
Rio de Janeiro
1977
(Ver pág. 127)

Reação Relaxamento

HERBERT BENSON

Um médico perspicaz lamenta os tempos:
"*O mundo de hoje é um mundo estranho. A tristeza, a miséria e a desgraça causam amargura... há desobediência e revolta... Forças do mal atacam da madrugada até alta noite... elas prejudicam a mente, reduzem a inteligência e também lesam os músculos e a carne.*"

Este cronista viveu há 4.600 anos atrás, na China, ainda que suas observações pareçam atuais. Os seres humanos sempre se sentiram sujeitos à tensão e freqüentemente parecem olhar saudosos para épocas mais tranqüilas. Até hoje cada geração tem acrescentado às nossas vidas complexidade e tensão. A verdade é que a maioria dos problemas persistentes deste planeta está ainda mais longe de solução do que quando este médico chinês os denunciava. A tecnologia dos 46 séculos passados e especialmente a deste último, que deveria tornar a vida mais fácil para o povo, muitas vezes parece intensificar a tensão do nosso dia-a-dia.

Vítimas da tensão

Que preço psicológico pagamos, tentando nos adaptar à idéia de que a guerra ou a ameaça de um conflito vive conosco todos os dias? Estamos orgulhosos porque o nosso conhecimento científico aumentou a sofisticação das armas desde o dia em que um pastor chamado Davi derrotou um exército inteiro com uma pedra arremessada de uma funda? Ou, consciente ou inconscientemente, perdemos as esperanças no armamento nuclear atual, que pode exterminar todo ser humano, na verdade quase toda espécie de vida?

A maioria de nós se acredita incapaz de resolver os grandes problemas. Temos uma vaga esperança de que os líderes que elegemos (e os técnicos nos quais eles, por sua vez, confiam) possam encontrar as soluções. Mas as nossas preocupações comumente abrangem apenas as dificuldades diárias. Nossas frustrações acontecem porque, em geral, não conseguimos ao menos resolver o mais banal dos problemas, como, por exemplo, chegar à hora no trabalho, numa cidade grande e congestionada. Na verdade, as exigências diárias da vida tornam cada vez mais difícil escapar aos efeitos psicológicos desfavoráveis e crescentes que parecem avolumar-se em todos nós. Seja o que for — as idas e vindas diárias, o custo de vida crescente, o barulho e fumaça da cidade, o desemprego, ou a violência gratuita — achamos difícil alcançar um equilíbrio satisfatório e, como resultado, nos tornamos vítimas da tensão.

Nosso mundo, que muda tão rápido, tem necessidade de muitas outras adaptações. Por exemplo, antes do movimento de libertação feminina ter-se infiltrado tanto e tão profundamente, as pessoas se casavam sob uma série de acordos tácitos, que a sociedade agora questiona e às vezes destrói. Hoje as mulheres precisam reexaminar seu próprio papel e estilo de vida contra hipóteses e expectativas conflitantes. Para a mulher mais velha os problemas de reeducação e reajustamento podem ser acabrunhantes. Os homens também precisam adaptar-se ao novo papel, que pode significar mais responsabilidade com a família e o lar. Eles estão sendo forçados a ver as mulheres sob um novo aspecto, que pode ser ameaçador ao antigo papel de homem. Concorrendo com — e relacionada ao — movimento está a mudança da estrutura familiar. A mobilidade separa as famílias em pequenos núcleos. As mulheres criam filhos fora do casamento. Pais divorciados assumem a custódia das crianças. Todos participam do impacto das mudanças da sociedade.

Como nos afetam estas ansiedades e tensões? A presença da tensão mental como parte da vida moderna tem sido assunto de uma quantidade de livros, a maioria dos quais se concentra na psicologia do stress (= tensão). Consideraremos o stress de uma perspectiva um pouco diferente, pois nosso interesse é não somente a psicologia, mas, também, a fisiologia do stress. Vamos examinar o que acontece a você, internamente, sob situações estressantes (de forte tensão) e como a tensão mina fisicamente a saúde. Isto será feito pesquisando-se a relação entre as suas reações emocionais e o que elas lhe podem custar em hipertensão, ataques cardíacos, derrames e outras doenças.

Indicaremos, então, o que você pode fazer contra os efeitos da tensão e mostraremos como, pela adoção de uma simples técnica psicológica, você pode melhorar seu bem-estar físico e mental.

A "epidemia" misteriosa

Estamos em meio a uma epidemia, predominante nos Estados Unidos e em outros países industriais.

Seu nome é hipertensão, o termo médico para pressão arterial alta. A hipertensão predispõe às doenças da aterosclerose (endurecimento das artérias), às crises cardíacas e aos derrames. Estas doenças do coração e do cérebro concorrem para mais de 50% das mortes nos Estados Unidos, cada ano. Além disso, não é surpreendente que a hipertensão, em vários níveis, esteja presente em 15 a 35% da população adulta. Embora esta epidemia não seja de natureza infecciosa ela pode ser até mais insidiosa, simplesmente porque suas manifestações não afetam grande número de pessoas ao mesmo tempo e porque não nos damos conta de que o mal se desenvolve pouco a pouco, em nós. Durante todo seu curso há poucos sintomas, se os há. No entanto, todo dia nós a vemos atacar sem aviso, interrompendo abruptamente, às dezenas, a vida de nossos amigos e a dos que nos são caros. De acordo com as estatísticas de vida cuidadosamente compiladas pelo governo, os males resultantes dessa epidemia explicam a média de duas mortes por minuto, só nos Estados Unidos. Em outros tempos, isto é, aproximadamente, um milhão em dois milhões de mortes anuais. Passe esta estatística para sua experiência pessoal — a perda de um amigo que deixa crianças, ou a morte prematura de um pai no momento de gozar seus anos de aposentadoria.

Pressão arterial alta, ataques cardíacos e derrames têm aumentado acentuadamente, não só afligindo uma percentagem crescente da população mas abrindo caminho seguro em grupos mais jovens. O Dr. Samuel A. Levine, eminente cardiologista americano falecido, assinalou, em 1963, que em famílias tratadas por ele durante muitos anos, os filhos sofreram ataques cardíacos, em média, 13 anos mais cedo do que os pais. Hoje, muitos cardiologistas observam esta mesma mudança significativa. Há 5 ou 10 anos teria sido um fato relativamente raro testemunhar um derrame ou um ataque cardíaco numa pessoa de trinta anos e tanto; mais surpreendente se a vítima estivesse na casa dos vinte. Hoje, nos hospitais, os médicos internos e os acadêmicos que se iniciam na medicina consideram como coisa comum ataques cardíacos em homens por volta dos trinta anos.

Não faltam teorias para explicar a rápida e crescente predominância da hipertensão e o aumento associado do número de ataques cardíacos e derrames sofridos principalmente no mundo ocidental. As explicações tradicionais têm sido: (1) dieta inadequada; (2) falta de exercício; (3) organização familiar. Ainda há outro fator que tem sido freqüentemente ignorado: a tensão ambiental. Embora a tensão do meio esteja sendo reconhecida como um fator importante no desenvolvimento destas doenças, é ainda pouco compreendida. Esses quatro fatores têm seu papel. O que ainda não foi devidamente determinado é o valor relativo de cada um.

Há anos os médicos vêm reconhecendo que o stress está cobrando um tributo. Não é difícil compreender a correlação entre a sociedade em que vivemos, altamente competitiva, premida pelo tempo, e a tensão mental, com sua influência nas doenças cardíacas. Por exemplo, uma advertência comumente ouvida é: "Não se aborreça, você aumentará a sua pressão". O problema tem sido como quantificar a tensão. Em outras palavras, como medir objetivamente os efeitos da tensão sobre o corpo? A medicina, recentemente, tem feito incursões, passando da especulação psicológica a dados fisiológicos mensuráveis, precisos.

Nosso objetivo é estabelecer a relação entre os acontecimentos psicológicos extenuantes e as mudanças fisiológicas a eles associadas, na medida em que afetam a saúde. Tradicionalmente, a psicologia e a medicina de há muito vêm separadas pelos seus diferentes métodos de pesquisa. Esta dicotomia tem impedido a maioria dos médicos de ver a relação entre o pesado termo psicológico "stress" (girando em torno do comportamento pessoal e dos fatos ambientais) e o funcionamento do corpo e as doenças a ele relacionadas. Embora a maior parte dos médicos concorde que a tensão afeta a saúde, eles não estão "sintonizados" com a literatura leiga sobre o stress. Preocupado principalmente com os sinais físicos e sintomas, o médico trata da tensão prescrevendo remédios e, quando nenhuma doença física está presente, tranqüilizando e aconselhando. Mais facilmente ele receita as chamadas drogas tranqüilizantes do que investiga as razões psicológicas do problema. Por outro lado, a maior parte dos psiquiatras e psicólogos não trata diretamente de estados de desordem orgânica. Suas maiores preocupações são as emoções, as idéias, a personalidade. Os psiquiatras podem receitar pílulas, mas o tratamento é diretamente dirigido à psique (alma, mente). Se os sintomas físicos são aparentes, o paciente será, provavelmente, encaminhado a um clínico, completando assim o círculo, com ligeira interação das duas profissões.

Estas barreiras tradicionais estão caindo lentamente. Existe ainda um longo caminho a percorrer e a maioria dos médicos, devido à escassez de dados concretos, continua descrente da diagnose psicossomática ou psicológica e respectivo tratamento. Apesar disso, a especialidade chamada medicina psicossomática, que é o estudo e tratamento das doenças causadas ou influenciadas pelos acontecimentos psicológicos, é, agora, um campo de pesquisa médica que se expande a olhos vistos.

A reação luta-ou-fuga

As conseqüências estressantes de viver na moderna sociedade ocidental — insegurança constante no trabalho, impossibilidade de cumprir prazos devido ao simples peso das obrigações ou a mudança das regras sociais, antes severas e agora inadequadas — serão descritas, aqui, de um modo que explica claramente como elas conduzem às doenças devastadoras, tais como a hipertensão, que hoje prevalecem e que, provavelmente, se tornarão mais difundidas nos próximos anos. Estamos todos mais do que familiarizados com as tensões que encontramos. Entretanto somos pouco esclarecidos quanto às conseqüências dessas tensões, não só psicológica mas fisiologicamente. Os homens, como os outros animais, reagem de uma forma preestabelecida a situações de tensão aguda e crônica, as quais desencadearam uma resposta inata, que tem sido parte da nossa composição fisiológica por milhões de anos talvez. Esta resposta tem sido popularmente chamada "reação luta-ou-fuga". Quando enfrentamos situações que requerem adaptação do nosso procedimento, uma reação involuntária aumenta nossa pressão sangüínea, as batidas cardíacas, o ritmo respiratório; o sangue flui para os músculos e altera o metabolismo, preparando-nos para lutar ou fugir.

Esta reação inata é perfeitamente reconhecida nos animais. Um gato assustado, em pé, com as costas em arco e o pêlo eriçado, pronto a fugir ou lutar, um cão enraivecido com as pupilas dilatadas, rosnando para o adversário; uma gazela africana fugindo do caçador; todos estão respondendo à ativação desta reação. Como tendemos a ver o homem em termos cartesianos, como um ser essencialmente racional, perdemos de vista suas origens na luta darwiniana pela sobrevivência, quando o uso bem-sucedido da reação luta-ou-fuga era questão de vida ou morte.

Os ancestrais do homem com as reações luta-ou-fuga mais atentamente desenvolvidas tiveram uma chance ampliada de sobrevivência, o suficiente para que se reproduzissem. A seleção natural favoreceu a continuação dessa "resposta". Como ascendente dos ancestrais que desenvolvem esta reação por milhões de anos, o homem moderno certamente ainda o possui.

De fato, a reação "luta-ou-fuga", acarretando alterações fisiológicas de aumento de pressão sangüínea, de ritmo respiratório, afluxo de sangue aos músculos, alteração de metabolismo e o ritmo cardíaco, tem sido avaliada no homem. Situações que exigem que adeqüemos nosso comportamento trazem à tona esta reação-resposta. Ela é observada, por exemplo, entre atletas antes de uma competição. Mas a reação não é utilizada como a intenção primitiva, isto é, na preparação de uma fuga ou lutando contra um inimigo. Hoje ela é quase sempre trazida por situações que requerem uma adequação de modo de agir e, quando não utilizada devidamente, o que acontece na maioria das vezes, a reação solicitada com freqüência pode afinal conduzir às terríveis doenças do coração, ataques e derrames.

Se a contínua necessidade de ajuste a novas situações pode provocar uma reação luta-ou-fuga prejudicial, e se vivemos continuamente em meio a incidentes exaustivos que desencadeiam esta reação, é natural perguntar se sabemos como impedir os resultados perigosos que inevitavelmente se seguem. Levemos este raciocínio um passo adiante. Se tal reação existe em homens e animais, haverá uma reação fisiológica nata diametralmente oposta? A resposta é sim. Cada um de nós possui um mecanismo protetor natural contra o excesso de tensão, que nos permite afastar os efeitos físicos nocivos, para se opor aos efeitos da "resposta luta-ou-fuga". Esta reação contra o excesso de tensão causa alterações físicas que diminuem o ritmo respiratório, baixam o metabolismo e devolvem ao corpo o que é, provavelmente, um equilíbrio saudável. Esta é a *Reação Relaxamento*.

Este livro explicará, primeiro, as formas sob as quais as crises cardíacas e os derrames se desenvolvem no corpo, muitas vezes despercebidamente, através do traiçoeiro mecanismo da pressão arterial alta (hipertensão). Mostraremos como a pressão alta está relacionada ao stress através do despertar inadequado da reação luta-ou-fuga.

Nosso objetivo principal, no entanto, é discutir a Reação Relaxamento, pois ela pode ter uma profunda influência na sua capacidade de lidar com situações difíceis e na prevenção e tratamento da pressão arterial alta e seus males derivados e difundidos, incluindo ataques cardíacos e derrames. Esta reação sempre existiu no contexto dos ensinamentos religiosos. Seu uso tem sido difundido nas culturas orientais, onde ela é considerada parte essencial da existência cotidiana. No entanto sua fisiologia só foi definida recentemente. Preces religiosas e técnicas mentais a elas relacionadas têm seus efeitos fisiológicos mensuráveis e definíveis que serão explicados. Dos escritos coligidos no Oriente e no Ocidente organizamos um método simplificado para obter a Reação Relaxamento e explicaremos seu uso na *vida diária*. Você aprenderá que obtê-la é simples, se se seguir uma pequena série de instruções que incorpora elementos essenciais:

1 — um ambiente tranqüilo;
2 — um truque mental, tal como uma palavra ou uma frase que deverá ser repetida de uma certa forma, continuadamente;
3 — a adoção de uma atitude passiva que é, talvez, o mais importante dos elementos; e
4 — uma posição confortável. A prática apropriada desses

quatro itens, por 10 ou 20 minutos, uma ou duas vezes ao dia, aumentará acentuadamente seu bem-estar.

* * *

É perfeitamente indicado o uso da Reação Relaxamento para pessoas sadias mas irritáveis. Ela pode agir como um método estruturado para se contrapor ao stress da vida diária que traz à tona a reação luta-ou-fuga. Já sabemos que a Reação Relaxamento pode ser usada como nova forma de ajudar no tratamento e talvez na prevenção de doenças como a hipertensão.

Vamos recapitular os itens necessários para obter esta reação e apresentar uma técnica específica que desenvolvemos no Harvard's Thomdike Memorial Laboratory e no Boston's Beth Israel Hospital. Enfatizamos mais uma vez que para aqueles que sofrem de qualquer doença, o uso terapêutico poderoso da Reação Relaxamento só deverá ser utilizado sob os cuidados e supervisão de um médico.

Como trazer à tona a Reação Relaxamento

No Capítulo 5 rememoramos as religiões ocidentais e orientais, cultos e as posturas que levavam à Reação Relaxamento. Destas técnicas tão antigas extraímos quatro elementos básicos essenciais para trazer à tona esta reação.

1. Ambiente tranqüilo

O ideal será escolher um lugar sossegado, silencioso, com o mínimo de distrações possível. Um quarto tranqüilo é adequado, como o é um local de devoção. Um ambiente assim contribui para tornar eficaz a repetição da palavra ou frase, facilitando a tarefa de afastar os pensamentos que distraem.

2. Um artifício mental

Para desviar a mente dos pensamentos logicamente voltados para o mundo exterior, deve haver um estímulo constante: um som, uma palavra ou uma frase repetida em silêncio ou em voz alta; ou ainda olhar fixadamente um objeto. Como uma das maiores dificuldades na tentativa de obter a Reação Relaxamento é esse "vagar da mente", a repetição de uma palavra ou frase é um meio de ajudar a interromper o curso das idéias que distraem. Enquanto se repete uma palavra, ou um som, em geral os olhos estão fechados; eles ficam abertos, é evidente, quando fitam um ponto.

Também é útil prestar atenção ao ritmo normal da respiração, pois isto realça a repetição da palavra ou do som.

3. Uma atitude passiva

Quando ocorrem pensamentos que distraem, eles deverão ser ignorados, e a atenção novamente reconduzida à repetição ou à fixação do objeto; não se preocupe com sua boa atuação, porque isto pode impedi-lo de obter a Reação Relaxamento. Adote uma atitude de "deixar acontecer". A atitude passiva talvez seja o elemento mais importante na evocação da reação em pauta. Os pensamentos vadios vão surgir. Não se preocupe. Quando aparecerem e você tomar conhecimento deles simplesmente recomece a repetição, ou truque mental que escolheu. Isto não quer dizer que sua técnica é imperfeita, e é normal que aconteça.

4. Uma posição confortável.

Uma posição "à vontade" é importante para que não haja tensão muscular. Alguns métodos sugerem uma posição sentada. Poucos praticantes usam a postura "lótus", da Ioga, com as pernas cruzadas. Quando se está deitado, há uma tendência a adormecer. Já vimos que as várias posições de ajoelhar, balançar ou sentar com as pernas cruzadas parecem impedir o sono. Deve-se ficar confortável e relaxado.

É importante lembrar que não existe um método único para provocar a Reação Relaxamento.

A meditação transcendental é uma das muitas técnicas que contêm estes quatro componentes. Contudo, não é necessário usar um método ou um som secreto, específico, ensinado pela M. T. Testes feitos no Thorndike Memorial Laboratory of Harvard provaram que uma técnica similar utilizada com qualquer som ou frase ou prece, ou mantra, provoca as mesmas transformações psicológicas observadas durante a Meditação Transcendental: redução de consumo de oxigênio, da eliminação do dióxido de carbono, do ritmo respiratório. Em outras palavras, os elementos básicos, qualquer das técnicas, antiga ou uma das derivadas modernas, produzem os mesmos efeitos fisiológicos, independente do truque mental utilizado. A lista de instruções que se segue, usada para trazer a Reação Relaxamento, foi elaborada pelo nosso grupo no Harvard's Memorial Laboratory e foi feita para provocar as mesmas alterações fisiológicas que havíamos observado durante a prática da M. T. Esta prática está sendo utilizada agora para fazer baixar a pressão de certos pacientes. É uma técnica sem conotações de culto, obtida com ligeiro aperfeiçoamento dos quatro elementos básicos encontrados nos milhares de métodos históricos. Não pretendemos inovar, mas simplesmente um reconhecimento científico da sabedoria da Antiguidade. A técnica é nosso método atual de trazer à tona a Reação Relaxamento nos nossos continuados estudos no Beth Israel Hospital of Boston.

1. Sente-se quietamente em posição confortável.
2. Feche os olhos.
3. Relaxe profundamente os músculos, começando pelos pés e progressivamente suba até os do rosto. Mantenha-os relaxados.
4. Respire pelo nariz. Concentre a atenção na respiração. Durante a respiração, diga a palavra "um", sem falar, para si mesmo. Assim: Inspire, expire, dizendo "um"; inspire, expire ("Um") etc. Respire devagar e naturalmente.
5. Continue, por 10 ou 20 minutos. Pode abrir os olhos para controlar o tempo, mas não use despertador. Quando terminar, sente-se calmamente por vários minutos, primeiro de olhos fechados e depois abertos. Não se levante por mais alguns minutos.
6. Não se preocupe em conseguir relaxamento profundo. Conserve uma atitude passiva e deixe o relaxamento "acontecer" por si só. Tente ignorar os pensamentos que aparecem não se detendo neles e repetindo "um". Com a prática, a reação virá quase sem esforço. Deve-se exercitar a técnica uma ou duas vezes por dia, mas nunca menos de 2 horas depois das refeições, pois o processo da digestão interfere com a tentativa de trazer à tona a Reação Relaxamento.

Os sentimentos subjetivos que acompanham a Reação Relaxamento variam entre os indivíduos. A maioria das pessoas sente uma espécie de calma que lhes proporciona grande relaxamento. Uma pequena porcentagem experimenta imediatamente a sensação do êxtase. Já outras descrições envolvem sensação de prazer, de forças renovadas, de bem-estar. Algumas pessoas notaram relativamente pouca alteração no plano espiritual. Independentemente dos depoimentos prestados, pudemos confirmar mudanças fisiológicas como a diminuição do consumo de oxigênio, por exemplo.

Para despertar a Reação Relaxamento não é necessário uma

educação determinada nem uma aptidão especial. Assim como todos nós sentimos raiva, alegria ou excitação, cada um de nós pode experimentar essa reação, pois ela existe em nós. Torno a repetir que há muitos meios de trazer à tona a Reação Relaxamento, e suas próprias considerações podem ser adaptadas aos quatro componentes essenciais. Você pode querer usar a técnica que apresentamos, mas, com um outro truque mental, pode usar uma sílaba ou frase fácil de ser repetida e que soe naturalmente.

Outra técnica que você pode utilizar é rezar uma oração tradicional da sua religião. Escolha uma prece e inclua os quatro elementos necessários para despertar a Reação Relaxamento. Como vimos no Capítulo 5, estamos certos de que cada religião tem essas preces. Gostaríamos de, mais uma vez, sublinhar que não falamos de religião de uma forma mecânica, simplesmente por que uma oração traz à tona a resposta fisiológica desejada. Antes acreditamos, como William James, que estas preces antigas são uma forma de remediar uma deficiência interior e reduzir nossa luta íntima. Obviamente as crenças religiosas e suas táticas têm muitos outros aspectos que pouco têm a ver com a reação que estudamos. No entanto não há porque não fazer uso de uma oração apropriada, dentro das que fazem parte do seu credo, uma vez que você se sente bem com isso.

Suas considerações pessoais a respeito de uma técnica particular podem dar ênfase especial aos componentes necessários à provocação da Reação Relaxamento e também podem acrescentar várias práticas no uso da técnica. Por exemplo, para certas pessoas um ambiente silencioso com pouca distração é um tormento. Assim, uns preferem praticar a Reação Relaxamento no metrô ou no trem. Alguns preferem praticá-las sempre num mesmo lugar e à hora certa.

Como a prática diária da Reação Relaxamento exige uma leve mudança no estilo de vida, há quem ache difícil, a princípio, manter a regularidade nos exercícios. Nas nossas investigações os participantes usam o calendário impresso para sua conveniência logo adiante. Cada vez que você praticar marque no lugar apropriado.

Pode-se acrescentar, como adendo, que muitas pessoas revelaram usar nossa técnica para obter a Reação Relaxamento deitadas na cama, pois isto as ajudava a dormir. Algumas, como resultado, viram-se livres dos soníferos. É bom notar que quando você adormece utilizando a técnica, você não está experimentando o relaxamento da Reação, mas apenas dormindo. Ficou provado que a Reação é diferente do sono.

Experiências pessoais com a Reação Relaxamento

Muitas ilustrações de como as pessoas incluem esta prática na vida cotidiana respondem à pergunta que talvez você faça agora: "Como achar tempo?" Um homem de negócios se exercita na parte final das manhãs; por 10 ou 15 minutos. Chama a secretária, avisa que está "em conferência", e ordena que não o chame de modo algum. Viajando muito, ele pratica com freqüência a Reação Relaxamento no avião, durante o vôo. Uma dona-de-casa o faz depois que o marido e filha saem. À noite, antes do marido chegar, ela repete a técnica mais uma vez, dando ordem às crianças de não perturbá-la por 20 minutos. Outra mulher, trabalhando em pesquisa, acorda em geral 10 ou 20 minutos mais cedo de manhã para poder trazer à tona a Reação Relaxamento antes do café. Se acorda atrasada, é mais fácil fazer uma pausa no trabalho para praticar a reação do que parar para um cafezinho. Ela procura um canto sossegado e uma cadeira confortável, enquanto seus colegas saem para o lanche. Um operário pratica a Reação Relaxamento enquanto vai ou vem de metrô para o trabalho, e afirma que nunca saltou fora do ponto por causa disso. Uma estudante a pratica entre uma aula e outra. Chegando 15 minutos adiantada, ela aproveita a sala de aula vazia, e diz que os outros estudantes não a atrapalham quando entram na classe. Se a sala está ocupada, ela simplesmente pratica a reação sentada no corredor.

O uso regular dessa reação tem ajudado essas pessoas a serem mais eficientes no seu dia-a-dia. O homem de negócios sente que "limpa as teias de aranha" acumuladas durante a manhã. Confessa que muitas vezes descobre novas perspectivas para problemas complexos do trabalho. A dona-de-casa, antes de praticar regularmente a reação, achava muito difícil enfrentar a tarefa de preparar o jantar e organizar tudo para o dia seguinte. Ela agora se sente mais ativa e aprecia mais a família. A pesquisadora não precisa mais tomar dois cafés de manhã para poder dar início ao trabalho, e o operário de fábrica nota que ele se distende quando volta para casa. O estudante diz que se tornou mais atento e raramente dorme durante as aulas. Atribui, inclusive, suas notas melhores à prática regular da reação.

Os exemplos de pessoas que fazem uso da Reação Relaxamento são numerosos. Você deve levar em conta não somente qual a hora mais própria mas também quando o uso da reação é mais eficiente. Acreditamos que o uso constante desta prática o ajudará a lidar melhor com os problemas estressantes da vida moderna mediante a minimização dos efeitos da ativação do sistema nervoso simpático. Aumentando o controle sobre as funções do corpo, o homem se torna mais capaz de conviver com suas incertezas e frustrações.

As duas descrições que se seguem, de pessoas que praticaram a Reação Relaxamento para problemas especiais, mostram o quanto sentiram que isto as ajudou. Um rapaz que sofreu graves crises de angústia relata que sempre foi medroso, nervoso e inseguro, tenso e preocupado. Depois de haver praticado a Reação Relaxamento por 2 meses, raras vezes teve crises de angústia e passou a sentir-se muito mais calmo e relaxado. Ele usou a técnica com regularidade duas vezes por dia, mas também recorria a ela quando começava a sentir ansiedade. Aplicando a técnica dessa forma descobriu que podia aliviar a sensação desagradável de imediato. Em resumo, percebeu que a Reação Relaxamento lhe melhorava a vida de modo significativo.

Nosso 2º exemplo é o de uma mulher com hipertensão moderada, apresentando um histórico familiar evidente de pressão sangüínea alta e que com a prática da Reação Relaxamento conseguiu baixar a pressão. Ela pratica a reação fazendo uso da palavra "um" durante mais de 14 meses. Suas próprias palavras transmitem melhor que quaisquer outras o que a reação representa para ela.

"A Reação Relaxamento contribuiu para muitas mudanças na minha vida, pois não só me deixou mais relaxada física e mentalmente, mas ainda ajudou a modificação na minha personalidade e modo de viver. Parece que eu me tornei mais calma, mais aberta e receptiva, especialmente a idéias que me eram desconhecidas ou muito diferentes do meu antigo gênero de vida. Eu gosto do jeito que sou agora; mais paciente, superando certos medos, especialmente a respeito da minha saúde e resistência. Sinto que estou mais forte no setor físico e também no mental. Cuido melhor de mim. O exercício diário é um compromisso e eu o vejo como parte integral da minha vida. Tenho prazer em realizá-lo, além de tudo! Bebo menos, tomo menos remédios. A regeneração positiva que eu experimento como resultado da Reação Relaxamento e a baixa de pressão obtida me dão a sensação de tentar ultrapassar uma história familiar repleta de doenças do coração decorrentes de hipertensão.

"Estou mais feliz, alegre, e geralmente bem quando faço uso da Reação Relaxamento. Há uma diferença evidente da atitude e de energia nos dias ocasionais em que deixo de praticar a reação.

"Intelectual e espiritualmente me acontecem coisas boas durante a Reação Relaxamento. Às vezes visualizo situações ou problemas que estão comigo há muito tempo e sobre os quais não penso conscientemente. Idéias criativas surgem durante a prática ou como resultado dela. Fico esperando a hora para praticar a Reação Relaxamento duas vezes por dia, às vezes três. Aderi com amor a isto."

Gostaria de comentar também sobre os efeitos colaterais da Reação Relaxamento. Qualquer método utilizado para despertá-la o treinará a despachar os pensamentos importantes que interrompem a prática e a retornar à oração, à palavra, ao som ou ao mantra que você repete. Por outro lado, a prática psicanalítica tradicional o ensina a agarrar-se a uma livre associação de pensamentos como instrumentos que servirão para tornar acessível o subconsciente. Portanto há uma divergência entre os métodos da Reação Relaxamento e os da psicanálise. Indivíduos submetidos à psicanálise podem sentir dificuldade em afastar os pensamentos supérfluos e assumir uma atitude passiva, e, em conseqüência, ser-lhes-á mais difícil trazer à tona a Reação Relaxamento.

Muitas organizações de meditação fornecem a seguinte informação básica: uma meditação curta é bom, outra mais longa será melhor. Este argumento encoraja os seguidores a meditar por períodos maiores de tempo. Segundo observação pessoal notamos que muitas pessoas que meditam por muitas horas, todos os dias, semanas a fio, tendem a alucinar. É difícil, no entanto, estabelecer uma relação direta entre a Reação Relaxamento e este efeito lateral indesejável porque não sabemos se estas pessoas afetadas possuíam uma predisposição para problemas dessa ordem. Exemplificamos: há quem apregoe técnicas de meditação propondo angelicamente, a todos, alívio de todo e qualquer sofrimento físico ou mental, e conseguem, assim, atrair gente com problemas emocionais. Haverá uma pré-seleção dos candidatos que aparecem para aprender essas técnicas porque eles mesmos já apresentam distúrbios emocionais. Além disso, despertar excessivamente todos os dias esta reação e por várias semanas pode levar a alucinações como resultado da privação de sentidos.

Não foi constatado um só dos efeitos acima mencionados em pessoas que praticaram a Reação Relaxamento uma ou duas vezes ao dia por 10 ou 20 minutos.

Ninguém deve usar a Reação Relaxamento como um esforço para esconder ou fugir das pressões exteriores ao dia-a-dia.

A reação luta-ou-fuga é muitas vezes adequada e não deve ser sempre considerada como nociva. É parte da nossa estrutura fisiológica, uma resposta útil em muitas situações da vida atual.

A sociedade moderna nos obriga a reagir dessa maneira vezes sem conta. Claro que a usamos de outra forma, não como nossos ancestrais, isto é, não fugimos nem lutamos quando vem a reação. Mas nosso corpo se prepara para lutar ou fugir e, como esta preparação não é utilizada, "fermentam" as angústias. Como conseqüência, a Reação Relaxamento oferece um equilíbrio natural que se contrapõe aos resultados indesejáveis da reação luta-ou-fuga. Não acreditamos que você se transforme em alguém passivo e retraído, menos capaz de trabalhar e competir na vida só porque pratica com regularidade a Reação Relaxamento. Ao contrário, verificamos que aqueles que a praticam metodicamente são mais eficazes ao enfrentar situações que sem dúvida provocaram a reação luta-ou-fuga. Estamos certos de que você estará apto a resolver situações difíceis dando regularmente a seu corpo oportunidade de adquirir um estado de maior equilíbrio, através do benefício fisiológico da Reação Relaxamento.

Este estado de equilíbrio se manterá inalterado enquanto durar a prática da reação. Uma vez cessada, depois de alguns dias desaparecem os benefícios, não importando a técnica empregada, seja oração, meditação transcendental ou o método proposto por este livro.

* * *

Neste livro tentamos mostrar que a Reação Relaxamento é um dom natural que cada um pode solicitar de si mesmo.

Passando por cima das tradicionais divergências entre psicologia, fisiologia, medicina e história, definimos a Reação Relaxamento como um mecanismo inato que faz parte de nós. Esta reação é uma capacidade humana universal, e mesmo se ela foi utilizada pelas religiões do Oriente e do Ocidente, pela maioria das nações de que fala a História, não é preciso aderir a nenhum rito ou práticas esotéricas para reproduzi-la. A experiência da Reação Relaxamento vinha desaparecendo da vida diária com o declínio das práticas e credos religiosos, mas podemos facilmente reinvidicar seus benefícios.

O povo dos Estados Unidos usufrui de um padrão de vida e de uma riqueza acima da média dos outros povos do mundo. Entretanto, o indivíduo, nessa fartura, vive atormentado e infeliz. Parece que nunca estamos satisfeitos com o que conseguimos ou possuímos. Talvez porque, na atual sociedade ocidental, está arraigada a idéia de que sucesso e progresso é o que interessa, não importa a que preço. Vá, ganhe o mais que puder, não se satisfaça com o montão de agora. A ética de trabalho idealizada reforça a idéia de que o sucesso monetário ou o progresso ascendente podem ser alcançados por uma grande parte da população. Ora, mesmo aqueles que atingem o alvo do sucesso monetário e do avanço contínuo não se satisfazem, muitas vezes. É comum acharem a vida frustrada por circunstâncias que exigem adaptação do modo de agir. Essa adaptação também é necessária aos que não progridem nas suas carreiras nem obtêm segurança econômica. A insatisfação, o tédio e o desemprego devem ser vistos como situações que obrigam a uma mudança de procedimento.

Na maior parte dos casos não é possível limitar as ocasiões que requerem uma acomodação da conduta. Em nossa sociedade queremos sempre mais, e o queremos depressa; essa atitude não deixa tempo para o repouso nem para a avaliação dos problemas. Quando estes se avolumam procuramos uma solução rápida e fácil. Nossa providência, animada pelo excesso de propaganda, muitas vezes é tomar um comprimido. Basta ligar a televisão e ver os anúncios para perceber como somos "industriados" para lidar com os problemas. Se você está tenso, se tem dores ou insônia, tome uma cápsula ou uma pílula e seus problemas desaparecerão.

Então, como tratar nossas angústias e tensões? Talvez melhor seria modificar nosso comportamento pelo exercício regular da Reação Relaxamento. Se você a considera um mecanismo que realmente se contrapõe aos efeitos nocivos fisiológicos e psicológicos do meio em que vivemos, então a prática regular desta reação pode ter um lugar importante na sua vida. Se você provocar esta resposta orgânica, regularmente, integrando-a ao seu dia-a-dia, as situações que estimulam seu sistema nervoso simpático serão neutralizadas pelo processo que permite ao seu corpo diminuir a atividade desse sistema. Você estará simplesmente utilizando um mecanismo inato que elimina os efeitos de um outro.

A sociedade ocidental está orientada apenas para provocar a reação luta-ou-fuga.

Diferente da reação luta-ou-fuga, que vem à tona repetidamente como resposta às nossas dificuldades diárias e é obtida sem um esforço consciente, a Reação Relaxamento só pode ser despertada se dispusermos de tempo e houver esforço consciente.

Damos muito pouca atenção à importância do relaxamento. Talvez nossos princípios em relação ao trabalho rotulem de inútil e preguiçosa uma pessoa que "desperdiça" tempo. Ao mesmo tempo a sociedade atual eliminou muitos dos métodos tradicionais de despertar a Reação Relaxamento. Preces, meditação, como faziam os antigos, tornaram-se lembranças históricas. Hoje, precisamos dessa reação mais ainda, pois o mundo se transforma a passos cada vez mais largos. A sociedade devia aprovar o tempo usado para o relaxamento. Seria absurdo incorporar esta capacidade inata à nossa vida diária instituindo a "pausa para o relacionamento" em vez da pausa para o cafezinho? Para obter esta reação você pode escolher qualquer método, o que esteja mais de acordo com suas inclinações: secular, religioso ou uma técnica oriental. Todos nós podemos receber grandes benefícios incluindo a Reação Relaxamento em nossas vidas. Até o momento, a maioria de nós não faz uso desse atributo inato inestimável e esquecido.

Eis um calendário para ajudá-lo a incorporar a Reação Relaxamento na sua vida diária:

	Dom.	2ª	3ª	4ª	5ª	6ª	Sáb.
1ª sem.							
2ª sem.							
3ª sem.							
4ª sem.							
5ª sem.							

Marque com um sinal, no lugar apropriado, cada vez que praticar a reação.

INTRODUÇÃO AOS
MÉTODOS DE
RELAXAMENTO
Bernard Auriol
Formato: 16 x 23
140 páginas
Editora Manole
Tel.: (011) 283-5866
São Paulo
1985
(Ver pág. 128)

Stress e Relaxamento

BERNARD AURIOL

O stress

É com stress que a vida começa.
É o stress que a torna intensa.
É com ele que a vida acaba.

H. Selye, que inventou esse conceito, distingue dois tipos de stress: o stress positivo, favorável, que ele denomina "eustress", e o stress negativo, desagradável, que ele chama de "angústia". Toda sensação que coloca nosso organismo em estado de alerta, que o torna mais vigilante, que tensiona nossos músculos, que acelera nossa respiração, nossa circulação, constitui um stress. Dessa maneira estamos prontos para desfrutar, combater, fugir.

Esta reação pode ser adaptada ou não, útil ou inútil, ou até mesmo nociva. De repente um carro me recusa passagem: meu coração se acelera (reação inútil), meu pé se contrai, fazendo-me perder uma fração de segundo para locomovê-lo do acelerador ao freio (reação não-adaptada), ou até mesmo ele aperta ainda mais o acelerador (reação nociva). Se jogo futebol como goleiro e preparo minha descontração no bom sentido (reação adaptada), meu organismo estará em melhores condições. Se eu for pego desprevenido, causarei um pequeno prejuízo. Ora, em nossa civilização técnica, onde se trata mais de apertar botões que de um eficaz relaxamento das pernas, o stress torna-se cada vez mais freqüente e mais inadaptado.

Se a sobrevivência dos primeiros homens era mais garantida para aqueles que reagiam rápido, de forma intensa e freqüente, a competição atual (que aliás é uma grande fonte de stress) faz com que haja maior sobrevivência daqueles que só sabem reagir raramente e de maneira pouco intensiva. Ora, constatou-se que muitos deles estavam tão treinados para "estarem prontos para tudo", que acabavam por se mostrar incapazes de enfrentar qualquer coisa e por adoecer. Portanto, já não se deve aprender a tensionar-se, a fazer esforço; agora, é necessário aprender a descontrair-se, a "não mais fazer esforço". Esta é a razão do sucesso e da eficácia de métodos de descontração que existem atualmente, e cuja variedade iremos percorrer, interrogando-nos sobre seu respectivo interesse e apresentando elementos que auxiliem a escolher um método de preferência a outro.

Todavia, antes de fazermos esse trajeto, tentaremos ver se — e em qual medida — se justifica a procura desse relaxamento. De que maneira o stress e a tensão são responsáveis pelos nossos *males físicos e psicológicos?* Utilizando as técnicas de relaxamento, poderemos *determinar as causas da tensão e eliminá-las?* Tentaremos esclarecer bem esses pontos, estudando sucessivamente:

1. O stress e o organismo "somático";
2. O stress, a angústia e os distúrbios psicológicos;
3. Causas do stress atual.

1. O stress e o organismo "somático"

O stress é uma reação geral a uma estimulação particular. Em uma abordagem inicial, as coisas se passam como se nossas reações a um barulho inesperado, a um clarão luminoso, à aparição de toxinas microbianas no sangue fossem idênticas. Se nos aprofundarmos um pouco mais, observaremos que na verdade existem alguns grandes tipos de reação às agressões e que tais tipos de reação dependem tanto da natureza de quem os recebe como do que ele recebe. Podem-se distinguir as reações musculares e as reações do sistema nervoso vegetativo.

1. As reações musculares podem ser de tensão, de preparação para a ação (ataque ou fuga) ou, em um grau suplementar, de inibição da ação (pernas "que amolecem", hipotonia). Pode ocorrer que certos grupos musculares, e até mesmo o corpo todo, estejam em estado de alerta permanente

(fora do sono). Dizemos que tais pessoas são "tensas"; maxilares apertados, cabeça cravada nos ombros, costas retraídas, antebraços ligeiramente curvados, punhos quase cerrados, etc. Às vezes essa tensão muscular é menos aparente, e é ao nível da pele que se revela tal vigilância: se tentarmos erguer a pele por um leve pinçamento, desencadearemos uma dor freqüentemente muito forte.

2. As reações do sistema nervoso vegetativo podem dizer respeito a dois grandes sistemas: o simpático e o parassimpático.

— O simpático está encarregado de facilitar a atividade de defesa e ataque; o parassimpático reage por ocasião de um prazer.

O simpático, estimulado excessivamente e sem que haja continuidade (combate ou fuga muscular), provoca o aparecimento de hipertensão arterial, enxaqueca, hipertireoidismo, distúrbios cardíacos, arteriosclerose, síncopes, diabetes, depressão, etc.

— O sistema parassimpático, se o stress não for seguido de uma ação de "descarga", provoca o aparecimento de úlcera gástrica, diarréia, colite, asma, etc.

Pode-se reconhecer aí todo o cortejo de doenças que a medicina contemporânea chama de "psicossomáticas" (como se todos os distúrbios e doenças não proviessem do organismo todo, como se houvesse doenças psíquicas sem distúrbios somáticos ou doenças orgânicas sem distúrbios psicológicos).

As reações do sistema nervoso não são as únicas causas de stress. Convém mencionar também as descargas hormonais (adrenalina, corticóides, AMP cíclico, etc.), o aumento de ácido lático e a atrofia timolinfática.

Todos esses mecanismos se desencadeiam em qualquer ocasião de nocividade. Isto foi amplamente provado por H. Selye, que conseguiu provocar tantas úlceras de stress (no estômago e duodeno) quantas ao expor os animais ao frio, ao calor, às infecções, aos tóxicos, à privação de liberdade...

2. Stress, angústia e distúrbios psicológicos

Na época em que se dava menos importância ao corpo, o distúrbio era estudado sobretudo no nível da inferioridade, e a psicologia falava em emotividade onde nós provavelmente falaríamos em "stressibilidade". Tratava-se de como uma situação externa podia facilmente levar o indivíduo a sentir-se "mudado" interiormente. Porém, quando a emoção torna-se um hábito do qual as circunstâncias externas são apenas um modulador, fala-se de preferência em um *estado*: a angústia, a ansiedade. A filosofia existencialista colocou em moda a angústia como elemento filosófico, de uma tal forma que poderíamos chegar a pensar que somos inteligentes simplesmente porque estamos no extremo oposto da serenidade.

Em nível médico-psicológico, e qualquer que seja sua causa, a angústia está sempre implicada de forma determinante nas "doenças" da mente e do sentimento: neuroses, psicoses, distúrbios variados da personalidade. Existem duas formas de angústia: a primeira é produzida pela incapacidade de manifestar a agressividade ou o medo; a segunda relaciona-se com a impossibilidade de se entregar ao prazer, encarado como perigoso ou culpável.

A energia de stress pode ser consumida de muitas maneiras:
— sob forma de *ação* adaptada,
— sob forma de *angústia*,
— sob forma de *doença* física.

A psicanálise conseguiu demonstrar que a angústia e o stress de hoje se estruturam sobre a angústia e o stress de ontem e que, pela lógica, a "stressibilidade" e a forma de angústia adotadas hoje pelo organismo dependem muito da quantidade e do tipo de stress do início da vida. A primeira estruturação da angústia e do stress ocorreria durante a vida intrauterina e no momento do nascimento, quando acontecem modificações fisiológicas muito importantes (aquisição de movimentos respiratórios amplos e sobretudo alteração do sistema circulatório). Atualmente, a angústia do desmame é menos característica, devido ao uso da mamadeira; ela se assemelha e se incorpora à angústia do nascimento. Seguem-se angústias de abandono, e, depois, de mutilação. Esses elementos vêm justificar o interesse, nada "folclórico", das técnicas e cuidados que possibilitam à mãe conceber voluntariamente, esperar sem angústia, dar à luz sem dor, a uma criança que será poupada da violência, que será alimentada no seio, acariciada com freqüência, sempre assistida por alguém (mãe, pai ou outra pessoa afetuosa).

3. Causas do stress

Além dos primeiros momentos e dos primeiros anos de vida, que estruturam de forma menos ou mais harmoniosa a capacidade de reação do indivíduo (de forma a torná-lo menos ou mais sujeito a stress e angústia), as situações que se acumulam depois têm um papel importante, e podem encaminhá-lo para uma correção ou para um agravamento das primeiras experiências. Pode-se até mesmo dizer que qualquer indivíduo está sujeito a apresentar qualquer patologia, sob qualquer das formas conhecidas, desde que as circunstâncias sejam suficientemente estressantes em um ou outro sentido determinado.

Tudo o que tende a diminuir a unidade do organismo é para ele uma ameaça de morte e vetor de um stress negativo. Tudo o que tende a proporcionar a unidade do organismo é um eu-stress (positivo) que produz uma resposta relaxante, ou seja, a abolição do excesso de defesas.

As causas do stress estão divididas da seguinte maneira:
1. por excesso,
2. por falta,
em diferentes níveis:
— físico, como por exemplo: excesso ou falta de calor, excesso ou falta de ruído, de luz, etc.;
— químico: excesso ou falta de calorias na ração alimentar, excesso ou falta de algum elemento químico determinado;
— biológico: excesso ou falta de estimulações sensoriais;
— psicológico: excesso ou falta de contatos afetivos;
— sociológico e econômico: excesso ou falta de recursos, de atividade produtiva, de valorização pessoal, etc.;
— gnosológico: excesso ou falta de espiritualidade... (?).

Esta simples enumeração constitui uma espécie de libelo que acusa, por menos que se reflita a respeito, o estilo de vida ocidental e de todo o planeta, na medida em que o "American way of life" constitui um modelo para o qual tendem até mesmo as nações subdesenvolvidas, ou pelo menos suas classes dominantes. A dimensão sociológica das causas do stress não é a menor. A sociedade industrial avançada obriga os indivíduos a enfrentarem situações novas e a dominá-las num lapso de tempo cada vez mais curto, constrangendo-os assim a escolher entre opções cada vez mais numerosas.

Assim, muitas das doenças somáticas e psicológicas não se devem especificamente ao agente causador imediato, mas à nossa reação; isto sem excluir o fato de que, como já dissemos, o acúmulo de danos ou mesmo o excesso de excitações inúteis são responsáveis por uma menor estabilidade do nosso organismo; quanto mais stress recebe, mais se torna sensível a ele, numa espiral viciosa e vertiginosa. Desde há muito tempo vêm sendo aperfeiçoadas técnicas que tendem a agir de acordo com uma espiral inversa, para reforçar a homeostase do organismo em todos os níveis e torná-lo cada vez mais resistente ao stress. Isto não pode ser feito pela abolição pura e simples das excitações: implicaria em novo stress. Na verdade, a privação sensorial é uma das formas modernas de tortura.

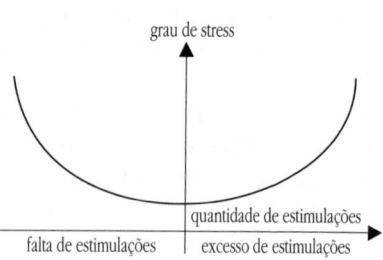

Definição de Relaxamento

Em uma abordagem inicial, diremos que relaxamento é o que se opõe ao stress, o que reforça a homeostase, o que diminui a angústia e a emotividade, o que proporciona a unificação dos elementos do organismo...

Desse ponto de vista, o primeiro dos métodos de relaxamento poderia ser um simples "retorno à natureza", tal como o tentam algumas comunidades de inspiração espiritualista ou ecológica. Com efeito, trata-se de lutar prioritariamente contra as causas de uma doença, muito mais que atenuar pura e simplesmente seus sintomas. Paradoxalmente, o projeto de se relaxar passa, assim, primeiramente por uma luta e uma ação: remodelar nossa cultura para que ela não continue a ser tão patogênica, para que ela seja verdadeiramente humana, isto é, apta a proporcionar o desenvolvimento de seus integrantes. Projeto evidentemente político, que ultrapassa uma simples atitude individual: combater o espírito de competição, de quantidade, de dominação, de lucro, espírito que representa uma enorme fonte de tensões encadeadas; combater o superconsumo, o uso abusivo de produtos químicos alimentares, medicamentosos, inseticidas, etc. Ao mesmo tempo, ao lado da ação coletiva, individualmente, convém evitar, na medida do possível, tornar-se vítima deste mundo estressante. Momentos "relaxados" parecem conseguir responder a essa necessidade, tanto mais que o relaxamento obtido seja mais profundo e de melhor qualidade.

É possível até mesmo que o fato de se obter pessoalmente um profundo relaxamento, um profundo acordo consigo mesmo, seja fonte de harmonia para a comunidade. Foi demonstrado (efeito "Maharishi") que, quando em uma cidade mais de 1% dos habitantes praticam regularmente a técnica chamada M.T. (cf. Cap. IX), diminui a quantidade de fenômenos psicossociais negativos (criminalidade, doenças, acidentes de trânsito).

1. O relaxamento como redução do tônus muscular

Cada vez que precisamos combater ou fugir, conquistar, agir, começamos por tensionar involuntariamente um certo número de músculos que nos colocam em prontidão, em posição para aquilo que vamos fazer ou não fazer. Freqüentemente nada acontecerá e nós estaremos prontos, aptos para reagir, sem que a reação tenha oportunidade de se manifestar: ou porque tudo já está terminado ou é impossível começar, ou porque o movimento preparado não tem eficácia concreta previsível, ou ainda porque diversos fatores impedem a execução da ação.

Essas tensões no vazio, que se podem tornar crônicas (como se o indivíduo temesse constantemente que o céu possa cair sobre sua cabeça e por isso a enterre nos ombros), representam um enorme desperdício de energia. A descontração dessas tensões irá ocasionar redução de fadiga. G. Alexander demonstrou que uma região muito relaxada é necessariamente compensada, durante a atividade cotidiana, por várias regiões muito tensas. Portanto, para obter um bom relaxamento é necessário buscar antes uma tensão correta do que uma boa descontração (aliás, uma não ocorre sem a outra). Durante os exercícios de relaxamento adota-se uma posição que não exija esforço algum para ser mantida; qualquer contração será então inútil ou nociva.

A tensão muscular é regulada pela postura da cabeça e do corpo, pelos receptores vestibulares do ouvido, pela situação dos eixos visuais, e, globalmente, pelo grau de vigilância, de emoção e de espera antecipadora da ação. O corpo que foi aterrorizado e curvado por uma explosão de granada atrás de si ficará petrificado nesse tônus, sempre preparado para uma nova explosão (para "não ser surpreendido de novo"). É a doença chamada *camptocormia:* uma parte do corpo permanece em estado de vigilância, enquanto o restante está mais tranqüilo. Existem contraturas permanentes ao redor de locais de traumatismos reais ou imaginários: na região da cabeça, por exemplo, depois de um acidente que provocou um traumatismo craniano. Isso pode bloquear os músculos do pescoço e provocar incapacidade para o trabalho normal; é o que um perito chamaria de sinistrose.

Estes são fatos bem concretos; mas sutis e profundos pensamentos, desejos nunca satisfeitos, podem ter o mesmo efeito. Relaxar-se será, de uma maneira ou de outra, aprender a desfazer esses nós da memória (e de antecipação vã) no plano muscular.

Os mesmos fenômenos podem afetar os músculos respiratórios, os batimentos cardíacos, os músculos lisos intestinais, estomacais, vesiculares, etc. Descontrair-se vai permitir que a respiração se torne tranqüila, que o coração bata calmamente, que os conteúdos digestivos circulem sem problema da boca até o ânus. É sabido que o medo pode provocar icterícia (espasmo no trajeto de evacuação da bílis), causar diarréia ou constipação; outras emoções podem levar à micção muito freqüente ou muito rara, à asma, etc. O mesmo ocorre com os vasos sangüíneos que são recobertos de músculos lisos: eles podem se contrair ou se descontrair.

Benson insistiu na importância dessa reação de inútil preparação para o combate ou a fuga, para explicar a ocorrência de hipertensão arterial nos meios mais desfavorecidos ou mais obrigados a um incessante esforço de adaptação. Da mesma forma, a arteriosclerose (com suas temíveis conseqüências: hemiplegia, "ataques" cerebrais, infarto do miocárdio, etc.) estaria mais diretamente ligada às necessidades do combate pela vida nas cidades ocidentais do que a irregularidades alimentares ou ao uso de gorduras saturadas (sem negar a importância relativa desses fatores). A utilização excessiva do sistema combate/fuga, ou sistema ergotrópico, tem uma reação antagônica, protetora, que assegura a recuperação normal; é a reação "trofotrópica", oposta à anteriorirredução da tensão muscular, do gasto de oxigênio, da combustão calórica, dos hormônios catecolaminérgicos. Pode-se observar, no gato que teve estimulado esse sistema via hipotálamo, uma redução da atividade cárdio-respiratória e uma descontração generalizada (Hedd).

As técnicas de relaxamento têm por objetivo permitir e ativar o jogo natural desse sistema protetor contra a superdosagem de estimulações. Perante esses fatos e muitos outros, pode-se perguntar se o corpo influencia o psíquico (eficácia do relaxamento) ou se o psíquico influi no somático; de fato, como demonstrou Reich, tensão muscular e repressão são uma única e mesma coisa. "O corpo não contém o psíquico, e nem o sustenta; ele é psiquismo". Ele é uma leitura do psiquismo por observação "externa" (o somático), e uma leitura pela introspecção com sua tradução no discurso (o "psíquico").

Os tipos tônicos

Schultz distingue:
— um tipo com rigidez muscular média (normotônico), freqüente nos gordos ciclotímicos;
— um tipo com rigidez muscular pequena (hipotônico), freqüente nos magros astênicos.

Um indivíduo em dez teria um tônus variável e um em cem seria espontaneamente cataléptico (o indivíduo conserva a postura em que for colocado).

De Ajuriaguerra e sua escola levaram avante esse trabalho tipológico e descobriram seis categorias de indivíduos:
1. pacientes com rigidez homogênea de todo o corpo;
2. pacientes com passividade objetiva global;
3. pacientes com vigilância elástica generalizada;
4. pacientes com elasticidade tônica uniforme;
5. pacientes com contrações parciais variáveis;
6. pacientes em espera acolhedora e confiante.

Tais divisões são interessantes; mas na verdade nem sempre se adaptam. Parece preferível considerar o tônus inadequado como uma "couraça do temperamento", conforme o ponto de vista de Reich, de Lowen, e do movimento californiano. Descobrem-se assim, mesmo nas hipertonias generalizadas, zonas-chaves que correspondem a problemas preciosos em nível histórico e no nível de sua significação topológica.

2. Efeitos psicofisiológicos

O relaxamento reduz a intensidade dos reflexos (patelares) até suprimi-los (Jacobson). O registro das correntes elétricas produzidas pelo músculo mostra o desaparecimento destes. Os vasos dilatados acarretam aumento da temperatura da pele e das trocas calóricas com o mundo exterior. A temperatura cutânea dos dedos sobe dois graus, em média; a temperatura central (medida no ânus) varia de 1/3 de grau em média, durante o exercício de calor do Treinamento Autógeno. Isto em condições de temperatura externa próximas do "conforto térmico" (18°). Manipulações sofrônicas prolongadas podem ocasionar, ao contrário, uma queda de temperatura (1,5°). O volume e o peso dos braços e das pernas se elevam devido ao aumento de volume das veias e capilares. Demonstrou-se em quatro hipertensos que o estado de relaxamento é acompanhado de redução de 10 a 20% da tensão arterial. Nos taquicardíacos ocorre também uma diminuição do ritmo cardíaco. Em pós-infarto, o eletrocardiograma apresenta uma normalização da onda ST ou uma elevação da onda T em 0,05 milivolt ou mais.

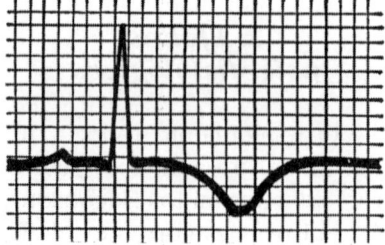

a. *Em nível respiratório*

O número de respirações por minuto diminui, o que significa que a extensão de cada ciclo respiratório (conjunto de movimentos que se repetem a cada respiração) se prolonga, e isto quanto mais profundo for o relaxamento e qualquer que seja a técnica empregada. (Ao contrário, nos estados acompanhados de angústia, principalmente em pacientes hospitalizados em psiquiatria ou em doentes psicossomáticos, foi possível detectar uma média de ciclos respiratórios curtos e muito irregulares quanto à duração e à forma de desenvolvimento.) Os períodos de inspiração e expiração tendem a se igualar (pelo menos no Treinamento Autógeno, ao passo que geralmente a expiração é mais longa que a inspiração). A amplitude pulmonar aumenta, como tão bem demonstrou Geissman. O tipo respiratório passa de abdominal a torácico.

b. *Em nível de tubo digestivo*

Sapir e col. demonstraram que durante exercícios padronizados o comportamento geral dos movimentos do estômago se modifica. A passagem se processa suavemente, sem ruptura de ritmo. A cárdia e o piloro se abrem amplamente e se fecham completamente, inclusive em pacientes com distúrbios de funcionamento quando não estão em relaxamento. Pode-se perceber o interesse disso em casos de espasmo do piloro ou de refluxo gastro-esofagiano (hérnia de hiato).

A concentração passiva na região abdominal diminui com a utilização da F.O.S. "A parte baixa do meu ventre está quente" é seguido de um aumento da circulação e dos movimentos no nível do sigmóide (porção terminal do cólon).

c. *Em nível bioquímico*

Nota-se nos estados de relaxamento uma redução do colesterol sangüíneo, redução tanto maior quanto mais elevada era a taxa antes do exercício. Observa-se também uma tendência à normalização da função tireoidiana: ela aumenta nos portadores de insuficiência e diminui nos casos de hipertireoidismo, a tal ponto que Polzien pôde tratar inteiramente pelo Treinamento Autógeno três pacientes com tireotoxicose grave. Também a secreção de cortisona pela supra-renal é reduzida pelo estado de relaxamento.

d. *Em nível cerebral*

Os estados de relaxamento intensificam o ritmo alfa, que pode aumentar de freqüência (Treinamento Autógeno), persistir com os olhos abertos (Zen), aumentar em amplitude e coerência (M.T.), estender-se ao conjunto do córtex cerebral (M.T.), etc. Na M.T. podem-se observar seqüências de ondas teta, muito amplas, que invadem todas as derivações e ocorrem paralelamente a sentimentos intensos de bem-aventurança.

3. *Significado psicológico do relaxamento*

É um estado feito de paz, serenidade, "absorção", "luz", "presença", inefabilidade, etc. Vimos anteriormente que, no plano metabólico, é um estado *de repouso mais profundo que o sono profundo*. Ele vai-se acentuando desde o estado autógeno até o transcendental (consciência da consciência, sem conteúdo de consciência). Esse estado de super-repouso-vigília é chamado de "quarto estado" por alguns neurofisiologistas que se interessam pelo assunto. Benson, por sua vez, acredita que esse quarto estado aparece historicamente em todas as culturas, expressando-se em uma construção teológica ou filosófica própria a cada uma delas. Ele encontrou descrições do quarto estado na mística cristã, muçulmana e oriental.

Em psicoterapia, Desoille mostrou que o tratamento de Sonho Acordado, quando prolongado além da cura, conduz a um estado desse tipo (fase das "imagens místicas"), com inefáveis representações de luz e sentimentos universais. É provavelmente devido à sua participação nas práticas e ofícios religiosos (e, sem dúvida, também devido à segurança contra a angústia que lhes proporciona a certeza dogmática) que os judeus "piedosos" são significativamente menos sujeitos a acidentes cardíacos (infartos) do que os judeus não-praticantes ou ateus. Durante séculos, o relaxamento profundo vem sendo obtido pelo processo místico. Quem adere a um movimento espiritualista passa a dispor de uma ferramenta que concilia sua atitude religiosa e sua necessidade do quarto estado. Entretanto, essa ferramenta pode se tornar ativa menos ou mais rapidamente; e se graças a ela o adepto não atingir facilmente o estado de unidade, fará bem em utilizar uma das técnicas descritas nesta obra. Existem, aliás, outros meios naturais de se obter um maior ou menor relaxamento. Por exemplo, o exercício (esportivo ou amoroso) é seguido de um estado de relaxamento, se a pessoa se mantiver quieta imediatamente depois. (Este procedimento é o da "Meditação Dinâmica".) Caminhar descalço realiza nas zonas reflexas do pé uma massagem que favorece a descontração; ela também é favorecida por uma alimentação simples e frugal, pelo nudismo ao sol, pelo bocejar-espreguiçar, etc.

Penso que os fatos acima bastarão para convencer o leitor da vantagem (e possivelmente da economia) que há em aprender uma técnica de rela-

	SONO	VIGÍLIA
Repouso	Sono profundo (2º estado)	Estado "transcendental" ("Autógeno"?) (4º estado)
Atividade	Sono com sonhos (3º estado)	Estado de atividade vigilante cotidiana (1º estado)

Os quatro estados da consciência, segundo WALLACE, BENSON, BANQUET.

Técnica	Consumo de oxigênio	Ritmo respiratório	Ritmo do coração	T.A.	Ondas Alfa	Tensão muscular
M.T.	decresce 20%	decresce	decresce	decresce no hipertenso	aumentam	não medida
Za Zen	decresce	decresce	decresce	decresce no hipertenso	aumentam	(decresce pbbt) não medida
Hatha-Ioga	decresce	decresce	decresce	decresce no hipertenso	aumentam	decresce
Treinamento Autógeno	?	decresce	decresce	decresce no hipertenso	aumentam ligeiramente	decresce
Hipnose	resultados variáveis segundo as sugestões					
Hipnose com sugestões de relaxamento	como o Treinamento Autógeno					
Técnica de Benson	decresce	decresce	decresce	decresce	?	?
Sentimento de veneração, de amor ou de pesar	decresce	decresce	decresce	?	?	?
R.E.D.D. (fase das imagens místicas)	decresce 20%	decresce	decresce	?	aumentam	decresce

Efeito fisiológico comparado de algumas técnicas de relaxamento
Quadro de Benson (atualizado pelo autor)

xamento antes de empreender alguma forma de terapia mais complexa, mais longa e talvez mais aleatória (em sua eficácia com relação aos sintomas), como por exemplo a psicanálise, a psicoterapia profunda de Jung, a terapia não-diretiva de C. Rogers, o Sonho Acordado Dirigido de Desoille, a bioenergia ou a Gestalt-terapia.

O primeiro interesse dessa atitude é evitar que cerca de 50% dos pacientes iniciem uma terapia duvidosa (ou pior, passem a depender para sempre de medicamentos). O segundo interesse (se o cliente persistir em seu pedido de uma terapia profunda de longa duração) será torná-la incomparavelmente mais eficaz, com muito menos crises de angústia; o relaxamento lubrifica o motor da terapia.

A ARTE DO RELAX
Herman Schwartz
Formato: 14 x 21
208 páginas
Companhia Editora Forense
Tel.: (021) 221-3537
Rio de Janeiro
1960
(Ver pág. 132)

A Essência da Relaxação Física

HERMAN SCHWARTZ

A relaxação individualizada

A *relaxação*, na sua forma mais simples e natural, precisa ser executada com uma conformidade precisa com algum sistema inflexível. As fórmulas apresentadas neste capítulo não devem ser consideradas como normas rígidas. Sinta-se à vontade para mudá-las segundo suas conveniências, reações, contornos de seu corpo e hábitos de repouso. O objetivo fundamental é o seguinte: *Mantenha-se em completo repouso mental e físico e permaneça assim durante um determinado espaço de tempo.*

Ninguém pode lhe dizer explicitamente quando deve exercitar. A quantidade de exercício que fizer ou a quantidade de repouso que tomar entre os exercícios de relaxação variam consideravelmente, dependendo de fatores tais como físico, idade, estado geral de saúde, vigor muscular e o tempo costumeiro de exercício.

Embora não seja essencial, será útil ouvir alguma leitura enquanto segue essas orientações. Em seguida, inverta os papéis — você lê enquanto a outra pessoa segue as instruções. Trabalhando juntos, os erros que puderem cometer se tornarão evidentes para ambos e, por conseguinte, aprenderão mais depressa.

Mas você pode aprender a arte da relaxação por si mesmo se seguir fielmente as instruções seguintes.

Você pode ter estado sob uma contínua tensão desde criança. Daí você não poder esperar conseguir uma perfeita relaxação nas primeiras tentativas. Não fique impaciente. Não procure se esforçar muito para progredir de uma vez, pois a superexcitação prejudicará seu principal objetivo — a consecução de uma suave relaxação.

A aprendizagem de uma nova habilidade requer aplicação. Primeiro, *aprenda a idéia principal*; em seguida, acrescente outros detalhes pertinentes. Finalmente, com a prática você se tornará perito. Algum tempo deve decorrer antes de ser atingida a perfeição.

Reduzimos todo esse método a seus componentes mais elementares, de modo que você usará os meios menos extrênuos para alcançar a relaxação. Lembre-se, não comece com a intenção de fazer uma tarefa, um serviço ou um dever. Enfaticamente, o importante é ficar cada vez mais à vontade.

A extensão muscular

Tentar conseguir a relaxação física enquanto seus músculos estão tesos ou tensos é um erro cometido tanto por leigos como por profissionais. Melhores resultados e mais imediatos são possíveis por meio de *exercícios de duplo-esforço* abaixo descritos.

Seus músculos trabalham em grupos. Você ativa apenas uma série de músculos quando estica sua perna. Ativa outra série (antagônica) quando puxa de novo sua perna para a posição anterior. É aconselhável, então, para vitalizar e livrar seus músculos da pressão ou da tensão, executar o duplo esforço muscular. É um esforço lento e duplo, do começo ao fim, seguro, eficiente e economizador de tempo. Mas queira se lembrar de que esse ato muscular deve ser executado deliberadamente, lentamente e ritmicamente.

A forma de esticamento aqui proposta é baseada em observações de como uma criança ou animal se espreguiçam instintivamente. Se um animal ou uma criancinha sabem inconscientemente o suficiente para realizar essa primitiva e benéfica ação muscular, o adulto certamente, por um esforço consciente e inteligente, deve ser capaz de imitar esse movimento instintivo.

Eis uma norma segura: *Comece com toda sorte de exercícios de extensão, inclusive com o bocejo, mantendo seu abdômen controlado, trazendo os músculos abdominais na direção de suas costas e na direção de seus ombros.* Quando houver algum esforço para mantê-lo sob controle, então pare o exercício. Se sua respiração for ofegante, se seu coração acelera ou se o sangue lhe sobe às faces, então é sinal de que se está esforçando demais.

Faz-se necessária uma palavra de cautela: Cuidado! Não estique rapidamente qualquer parte de seu corpo em toda sua extensão. Em sua impaciência, você poderia torcer um músculo ou romper algum ligamento. Até os atletas treinados de vez em quando têm torções musculares e tudo indica que você deve estar longe do apogeu de suas condições. Só quando seus músculos se tornarem mais vigorosos é que você deve aumentar esse esforço. Se não estiver certo até que ponto ir, conceda a si próprio o benefício da dúvida, esforçando-se menos. Na proporção de seu cuidado, você terá toda probabilidade de evitar provocar sua própria tensão.

Execute todos os exercícios que se seguem deitado numa cama ou num sofá bem largo. Todo o processo de relaxação deve levar mais ou menos meia hora. Com alguma prática, você deverá ser capaz de realizá-lo em menos tempo. Para a compensação de seu tempo dividido, permaneça em absoluto repouso.

Escolha um tempo para a relaxação quando nada possa interferir em seu regime. Se escolher, por exemplo, o período de uma hora a uma hora e meia para relaxar, então, durante esse tempo, você "não estará em casa" para atender ao telefone, à campainha, ou para distrações de qualquer espécie. Imobilize sua mente e seu corpo, fique em paz e esteja decidido de antemão que durante esse período você vai ficar inteiramente em paz.

Agora você está num quarto tranqüilo, ajustou o despertador ou deu instruções para não ser incomodado naquela meia hora. Você está pronto para chegar ao âmago do processo da relaxação. É a simplicidade em si mesma.

Testes antes da relaxação

Antes de começar seus exercícios, talvez você gostaria de anotar como se sente, para depois conferir com os benefícios alcançados. Anote:

1. O atual estado de seu corpo no que diz respeito à rigidez de seus músculos.

2. Suas pequenas indisposições físicas, se houver.

3. Suas presentes reações a possíveis rumores no raio de sua

audição.

4. A atual intensidade de suas preocupações, de sua ira, irritação, etc.

5. Qual é sua disposição atual de ânimo? Sente-se deprimido, excitado, desiludido, etc.?

6. Feche os olhos por alguns instantes. Anote então como se sentem — pesados, cansados, sonolentos ou tensos.

O plano

Distensão. Estire lentamente uma parte de seu corpo, enquanto todos os demais músculos permanecem *relativamente* em repouso. Estabeleça um ritmo nesses exercícios de distensão. Você pode dominá-lo mais facilmente regulando a distensão pela contagem até cinco. Estabelecido o ritmo, pode parar de contar.

Recolhimento. É o movimento oposto. Não deixe que seus músculos sejam rapidamente aliviados da extensão. Não devem voltar imediatamente à posição anterior. Ofereça uma resistência. Puxe os músculos para a posição normal durante o mesmo espaço de tempo que levou para estendê-los. A sensação experimentada deve ser como se alguém estivesse impedindo nossos músculos de ficar à vontade. Com o recolhimento de seus músculos ocorre uma ligeira extensão em outros músculos adjacentes ou remotos que você ordinariamente não exercitaria.

Movimento muscular sinuoso. Depois que a parte estirada de seu corpo voltou à posição de repouso, mova, sacuda e coloque aquele membro ou parte numa posição completamente confortável. Isso é necessário para eliminar a possível tensão produzida pela distensão, assim como para diminuir sua tensão muscular frustrada. Aumentará também sua circulação sanguínea.

Período de repouso. Deixe que seus músculos exercitados e todo o seu corpo permaneçam completamente em repouso durante dois ou mais minutos (tanto tempo enquanto se sentir cansado do exercício).

Durante esse período de repouso, acomode os músculos exercitados com o pensamento de "calma". Sua disposição mental é importante. Note agora como a parte de seu corpo que foi exercitada se sente com relação à parte que não foi exercitada. Ou lembre-se de quão tensos estavam seus músculos antes e observe como relaxados estão agora; como é bom se impor um estado de repouso, como são fáceis esses exercícios.

Regale-se. Experimente, prove o gosto da relaxação como se prova o gosto de um alimento, de modo que só em pensar vem água à boca e os sucos digestivos começam a fluir. Quando isso acontecer com relação a esses exercícios, você só terá de orientar seu pensamento de relaxação para qualquer parte de seu corpo e a relaxação começará.

Se você não repousar entre os exercícios, perderá uma parte vital desse processo. Deixará de experimentar o alívio de uma tensão e o intenso sentimento de bem-estar muscular que se deve seguir aos exercícios.

Mas se em vez de estar num feliz estado de mente você se tornar irritado ou agitado, caminhe um pouco, tome algumas notas sobre seus problemas ou tome um banho morno. Mais tarde, então, tente de novo a relaxação.

Exercícios

Siga todas as normas dadas acima. Faça os exercícios de distensão em três partes distintas. Primeiro é a distensão firme e comum; segundo, o recolhimento dos músculos, de modo que ative outros músculos que geralmente deixa de ativar. Finalmente, afaste qualquer tensão remanescente com movimentos sinuosos do corpo. Isso ajudará seu corpo a se tornar completamente flexível e cômodo. Não se mova de novo durante os dois minutos de repouso obrigatório.

1. Deite-se de costas. Contando lentamente até cinco, estenda para baixo o *lado direito inferior de seu corpo*. Não levante sua perna para fora da cama. Você precisa sentir um ligeiro esticamento através do lombo, do quadril e de toda a perna até os artelhos (os sapatos devem ter sido tirados). *Leve o mesmo espaço de tempo para recolher l-e-n-t-a-m-e-n-t-e todos os músculos à posição normal. Repita isso mais vezes. Em seguida gaste um meio minuto em movimentos coleantes para se colocar numa posição confortável. Descanse durante dois ou mais minutos. Conserve no pensamento a idéia de "calma".*

2. Estire seu *lado esquerdo inferior*, o lombo, o quadril e toda a perna até os artelhos. Siga as mesmas instruções acima (nº 1).

3. Distenda para cima o lado direito de seu peito e de seu braço até as pontas dos dedos. Não se apresse. Em seguida, lentamente, recolha seu braço e o coloque ao longo do corpo. Um ligeiro esticamento deve ser sentido entre as costelas, através do

braço, do antebraço e dos dedos. Repita isso várias vezes. Em seguida acomode seus músculos, descanse durante dois minutos, conservando na mente a idéia de "calma".

4. Distenda o lado esquerdo de seu peito e de seu braço para cima até as pontas dos dedos. Faça-o lenta e comodamente. Siga as orientações supra. Em seguida, acomode seus músculos, descanse durante dois minutos, conservando na mente a idéia de "calma".

5. Distenda lentamente *seu pescoço para o lado do ombro direito*; em seguida, *para o lado do ombro esquerdo* e depois o devolva à posição normal. Estenda lentamente *seu pescoço na direção de seu peito* e em seguida *para* as costas (com o queixo levantado) e gradativamente o vá recolhendo até a posição normal. Sacuda um pouco sua cabeça para acomodar os músculos. Descanse pelo menos dois minutos em absoluto repouso.

6. *Exercite seus músculos maxilares*. Abra sua boca aos poucos até o máximo, mas *ofereça alguma resistência ao abri-la*, como se seus dentes estivessem presos num puxa-puxa. Ao fechar a boca, ofereça de novo uma pequena resistência com os músculos do pescoço, do rosto e da testa, como se estivesse mordendo uma maçã muito dura. Com um pouco de massagem, afaste alguma tensão possivelmente produzida. Descanse dois minutos.

7. Inspire lenta e profundamente, em seguida, respire plenamente em ritmo muito mais lento, forçando um pouco todo o ar residual para fora dos pulmões. Faça isso várias vezes, enquanto mantém na mente o pensamento de "calma" absoluta.

O Toque Final

Depois dos exercícios, proporcione ao seu corpo um apoio adicional onde quer que se sinta menos confortavelmente. Isso pode incluir um suporte fofo debaixo dos joelhos, da panturrilha de sua perna perto do tornozelo, de seus braços ou da região lombar. Acomode-se e permaneça assim quanto tempo puder. Um passo essencial para a relaxação é se colocar sempre na posição mais confortável. Do contrário, as sensações ou as irritações podem manter ativos seu cérebro e seu sistema nervoso, realmente aumentando ou mantendo suas tensões. A razão impõe que, removidos todos os empecilhos físicos possíveis, você pode alcançar a relaxação.

Se você for incapaz de conseguir um completo repouso numa determinada posição, talvez possa encontrá-lo em outra. Depois de exercícios de extensão, você pode relaxar do mesmo modo em qualquer posição, de lado, de frente ou de costas. Não perca a coragem nem a paciência quando não puder seguir plenamente todas as instruções, nem se aborreça porque, sem querer, move uma perna ou pestaneja. Você seria totalmente irrazoável ou injusto consigo mesmo se esperasse aprender a relaxação imediatamente. Mas, uma vez aprendida, torna-se "tão fácil como derrubar uma árvore" — e exige mesmo menor esforço!

A relaxação é passiva?

Tendo seguido os exercícios do programa, você deve agora experimentar a sensação de um completo bem-estar. Assegure-se de que se sente tão confortavelmente quanto possível e deixe-se ficar. Fique absolutamente despreocupado e indiferente a tudo por enquanto. Se você se encontrar num estado de mente "Não me incomodo", é a prova evidente de que está fisicamente relaxado.

Não faça mais nenhum esforço consciente para ajudar sua relaxação. O esforço e a relaxação se contradizem lógica e psicologicamente. Se for mantido um esforço distinto, ele destruirá seu verdadeiro objetivo, pois só fará aumentar as tensões.

Quando você deixa sem esforço que seu corpo chegue cada vez mais a um estado de conforto, você estará penetrando na verdadeira fase de uma completa relaxação física. Experimente uma satisfação cada vez maior na medida em que seu corpo entra num repouso confortador cada vez mais profundo.

Esteja certo de que, quando achar que está relaxado, na realidade não está. Por isso, continue a se tornar cada vez mais flexível, concedendo uma crescente comodidade a seus músculos, de modo que todo o corpo se sinta como se você estivesse para adormecer. Para conseguir sua liberdade recém-descoberta da tensão é preciso que você esteja naquele estado limite da semiconsciência. Caso contrário, você não desenvolve a lembrança de uma relaxação instável e vacilante numa relaxação repousante.

Evitar os "deve"

Lembre-se de que seu estado de completa relaxação deve ser livre e sem esforço. Se você diz a si mesmo: "Não devo me mover". "Devo ficar relaxado", você estará prejudicando seus esforços e prolongando seu tempo de aprendizagem. Por isso, tenha em mente a idéia diretriz: "Agora ESTOU à vontade."

Lembre-se de alguma experiência agradável de que participou plenamente e após a qual repousou e ficou totalmente à vontade. Simplesmente você não precisou se movimentar. Em seguida não teve de se impor a flacidez. Seja assim também agora. Fique num estado de ânimo em que não precise falar, mover o corpo, sacudir a cabeça ou mover as mãos ou os dedos. Não dê nenhum sinal de que está acordado; embora plenamente consciente, permaneça imóvel, de modo que um observador presumisse que estivesse dormindo tranqüilamente. Respire moderadamente, de modo pleno e rítmico. Experimente seu estado de bem-estar muscular e de liberdade e, acima de tudo, esteja em paz consigo mesmo e com o mundo. Se tiver receio de esquecer algum assunto importante que lhe ocorrer à mente, mova-se o suficiente para fazer uma anotação para uma futura referência.

Não vá dormir

Tenha em mente que não precisa adormecer, que precisa experimentar o efeito pleno de sua capacidade de relaxar todos os seus músculos. Se você tiver um secretário, faça-o repetir o mesmo pensamento em voz calma e suave. Isso terá como efeito torná-lo cada vez mais relaxado.

Quando você está totalmente relaxado, tem consciência de tudo que se passa, mas está determinado a não reagir a nada. Você está em repouso completo e voluntário. Voluntariamente age como se estivesse adormecido, sabedor de que num instante pode se tornar plenamente acordado.

Conserve seus olhos abertos, especialmente no início do processo de relaxamento. É de máxima importância permanecer acordado, embora não deva se esforçar nesse sentido. Que deve fazer se estiver realmente cansado? Tire um cochilo. Depois de acordado, comece tudo de novo. Naturalmente, quando você for se tornando mais relaxado, seus olhos podem se fechar automaticamente.

Sob os cuidados prolongados de um profissional você pode se tornar completamente relaxado só através da pura relaxação física. Mas se usar conscientemente da combinação dos métodos simples deste livro, poderá conseguir os objetivos de uma completa relaxação por si mesmo, sem necessidade de uma supervisão profissional.

Quanto tempo devo descansar?

Falando de modo geral, você pode ficar na posição relaxada quanto tempo permitir ou achar agradável. Com o treinamento você pode aprender a ficar completamente imóvel durante uma hora. Mas se não for capaz de descansar imóvel por mais de sete a vinte e cinco minutos, não fique desapontado com seus esforços. Você estaria simplesmente imitando o tempo comum, as experiências o têm demonstrado, que uma pessoa dorme sem se agitar ou se mover.

Os perigos de uma relaxação prolongada

A relaxação é a base fundamental de uma antiquíssima cura pelo repouso. Não obstante, *um repouso excessivo tem também um efeito debilitante.* Daí a necessidade de compensá-lo com alguma atividade. Não se deixe ficar *super-relaxado.* Seus músculos precisam ser *vigorosos.* O vigor dos músculos pode ser comparado com a elasticidade ou a resistência da borracha. Aqueles que se tornam inativos e não se servem de seus músculos perdem esse vigor. Tornam-se flácidos, cansam-se facilmente e simplesmente não têm a força muscular para continuar suas atividades regulares diárias.

Se você relaxa demais, torna-se fraco tanto de mente como de corpo. Quando uma pessoa fica acamada por muito tempo, a disposição mental, assim como as forças restauradoras e curativas, é prejudicada. Todos os processos físicos são retardados por causa da falta de oxigênio no sangue. A cirurgia moderna, reconhecendo esse fato, tem feito uma completa reviravolta, encorajando o paciente a sair da cama no primeiro ou no segundo dia depois de uma importante operação.

Lembre-se de que seu corpo deve ser usado; quanto mais proveitosamente for usado, mais forte se tornará sob todos os aspectos. Curtos períodos de relaxação aumentam sua eficiência pela imitação da lei natural do repouso rítmico e cíclico.

Testes da capacidade de relaxação

Examinemos agora o que

você conseguiu em seu primeiro período de relaxação. Confira como você se sentia antes de começar a relaxação.

1. Ao repousar agora, tente levantar seu braço ou sua perna — pesa? É preciso algum esforço para fazê-lo? Se o membro parece muito leve, pode estar certo de que não relaxou ainda suficientemente. Você precisa de mais tempo e prática. Afinal de contas, *a relaxação é uma arte e não pode ser aprendida em alguns minutos.* Continue até achá-lo mais pesado e experimentar a sensação de estar completamente flexível. Você notará que seu corpo se torna mais pesado quando aumenta a intensidade da relaxação, o que constitui um sinal certo de ter atingido sua plenitude.

2. Lembre-se se tinha algum incômodo físico antes de começar a relaxação. E agora, diminuiu? Se a irritação não acabou, é sinal de que não relaxou suficientemente; pode também significar que irritações menores têm uma origem profunda, que requer um tratamento profissional. Você não pode superar todas as suas irritações só através de seus esforços pessoais.

3. Acha-se tão sensível a rumores ou a perturbações de ambiente depois de um período de relaxação como antes dele? As crianças gritam tão alto como antes? O cão late na mesma altura? O telefone soa com a mesma intensidade? O rangido da porta é ainda tão incômodo? Quando você está completamente relaxado você terá consciência de uma notável diferença na qualidade ou na aparente intensidade de um som, pela simples razão de que, quando diminui a fadiga, os rumores se tornam menos perturbadores.

4. Sua mente está mais tranqüila? Um teste seguro de seu sucesso com esse método é quando seu pensamento se acalma. Se os temores predominam em seus pensamentos, significa que você apenas experimentou uma relaxação superficial. *Quanto mais profundamente seu corpo entra em estado de repouso, mais tranqüila se torna sua mente.*

5. Suas emoções estão sob controle? Se seu período de relaxação foi perfeitamente bem-sucedido, ele deve ter o efeito de acalmar qualquer perturbação emocional que você pode ter tido. Se seu humor não mudou, significa que é forte o domínio que as emoções têm sobre sua mente e seu corpo. Com continuados períodos de repouso, você pode conseguir um melhor controle de seu temperamento. Aprender essa forma de relaxação com todas as demais habilidades requer tempo,

paciência e perseverança.

6. Outro importante teste de seu sucesso na relaxação é se seus olhos se sentem depois mais à vontade do que antes de seu período de repouso. Deve haver uma distinta diferença na maneira de se sentir os olhos. A eliminação da tensão de seus olhos é mais difícil de ser conseguida. E, pela mesma razão, é mais benéfica quando conseguida.

Verifique que a calma que você irradia terá sua influência não só em sua própria maneira de se comportar mas também sobre aqueles que precisam de sua ajuda.

Forma abreviada de relaxação

Depois de cerca de dez ou mais sessões de nosso extenso programa de exercícios e de relaxação, seus músculos se tornaram enrijecidos e você pode estar suficientemente treinado e preparado para usar essa forma abreviada de relaxação. Não há mais contagem nem exercícios com partes individuais de seu corpo. A principal habilidade envolvida é a capacidade de usar da extensão controlada e resistente e de recolher os músculos. Não deixe seus músculos se tornarem tensos pela excessiva ambição de rápido domínio. Aprenda a deixar seu corpo à vontade depois dos exercícios. Procure se livrar da extensão. Tranqüilize sua mente com o uso da palavra simbólica "calma".

1. Agora, escolha uma cama, um sofá ou estenda uma de suas mantas no chão.

2. Afrouxe tudo que em sua roupa possa constrangê-lo, inclusive colarinho, cinto, espartilhos, meias e sapatos apertados.

3. Reserve um *mínimo* de dez minutos e dê instruções para não ser perturbado, de modo que possa descansar com tranqüilidade de mente.

4. Deite-se de costas. Execute os lentos e cômodos exercícios de distensão de todos os seus músculos de uma vez, tal como se faz ou se deveria fazer ao se levantar. Isso incluiria necessariamente a distensão dos músculos de seus maxilares, braços, pernas, costas, peitos, abdômen e pescoço. Evite manter seus músculos no rude *staccato* de "um-dois" dos tempos escolares. A regra é: *distenda sempre seus músculos lentamente, com resistência, e os recolha com a mesma lentidão para uma posição confortável.*

5. *Mexa ou sacuda seu corpo para, da extensão, passar a uma posição cômoda.*

Uma regra fundamental: geralmente seus músculos não estão relaxados quando você acha que estão. Por isso, continue exercitando-os mais e mais até um estado de flexibilidade.

6. Lembre-se, você pode colocar qualquer suporte debaixo de qualquer parte de seu corpo, se isso ajudar a produzir maior soma de repouso.

7. Sua cabeça e seu pescoço precisam estar colocados confortavelmente sobre o travesseiro para evitar o repuxo dos músculos de seu couro cabeludo. Isso lhe facilita a relaxação dos olhos. Essa relaxação ocular é tão importante que você deve fazer os exercícios com os olhos que serão recomendados no capítulo seguinte.

8. Controle sua respiração de modo que seja lenta, regular e rítmica.

9. Comece agora a usar a palavra "calma". Com o persistente uso dessa palavra você envia mensagens para aumentar a comodidade em qualquer parte de seu corpo que deixou de relaxar. Use essa mesma palavra para levar uma tranqüilidade maior à sua mente. Permaneça no estado de relaxação enquanto seu tempo lhe permitir.

10. Quando, finalmente, seu corpo estiver em completo repouso, tome consciência de que tem dentro de si mesmo um *reservatório* de sabedoria, poder, capacidade e força intuitivos para enfrentar seus problemas. Essa confortadora consciência espiritual envolve uma plena apreciação de suas verdadeiras possibilidades e mais o sentimento de estar desempenhando um papel útil no plano total das coisas.

Leve sua liberdade da tensão recém-conquistada a todos os seus esforços.

Faça os exercícios 1 e 2 deitado de bruços ou de costas. Ao estender sua perna, pressione também lentamente os músculos dos quadris e da região lombar; isso ativará a região inferior de sua espinha. Ao exercitar essa parte de seu corpo, o repouso do corpo deve ser o mais cômodo possível.

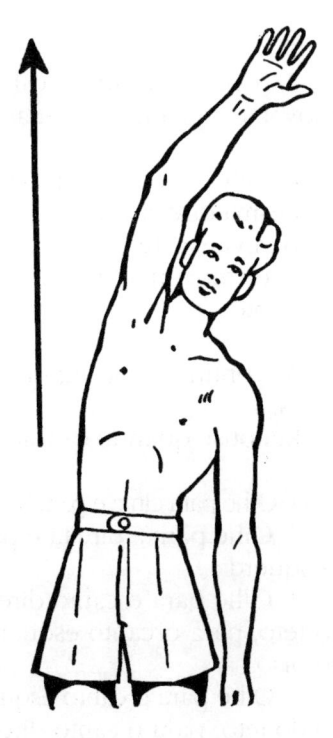

Execute os exercícios 3 e 4 deitado de bruços ou de costas. Ao esticar o braço, faça pressão também sobre suas costelas. O repouso de seu corpo permanece relativamente cômodo.

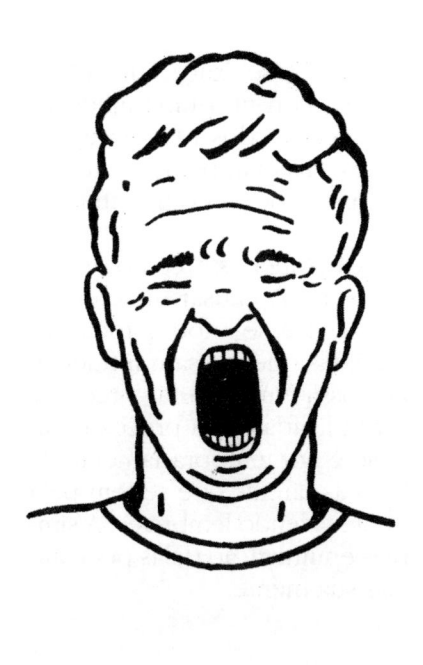

Quando o bocejo está em formação, deixe que seja um produto acabado. Um bocejo socialmente contido é de pouco valor. Um bocejo pleno e controlado, como acima demonstrado, ativará todos os músculos de sua garganta e de sua face.

Como Relaxar os Olhos

O olho está tão intimamente relacionado com o cérebro e o sistema nervoso que não só reflete toda a gama de nossas emoções mas também espelha o estado de saúde, de enfermidade e de tensão nervosa do corpo e da mente.

De todos os músculos que devemos relaxar, os dos olhos são os mais importantes. Quando se encontram num estado de perfeito repouso, o descanso de seu corpo será mais prontamente satisfatório e suas emoções estarão mais bem controladas. Quando os músculos de seus olhos e de seu rosto estão completamente relaxados, você simplesmente não pode se apoquentar! A relaxação dos olhos não só constitui uma ajuda na consecução dos nervos repousados, mas também favorece a formação de um olhar atraente e cordial.

Qualquer esforço no ser humano pode causar uma tensão visual. Desse modo, todas as medidas que possam influenciar nossa saúde geral precisam ser utilizadas. Um processo valioso é pôr temporariamente de lado as tarefas que se tem pela frente fazendo lembretes. A simples enumeração delas pode aliviar sua mente.

Exercícios físicos para os olhos

Alguns minutos dos exercícios seguintes acalmarão os seis músculos que controlam o movimento dos olhos. *Use-os para uma relaxação geral, ou toda vez que seus olhos se tornarem cansados ou tensos. Descanse ou exercite seus olhos ocasionalmente ao trabalhar, estudar, ler, jogar, assistir à TV ou a filmes tridimensionais.*

Execute esses exercícios assentado ou deitado. O exercício dos olhos pode ser feito de *dois modos distintos e separados*, como vai demonstrado abaixo:

1. Movendo sua cabeça nas direções indicadas.

2. Conservando a cabeça imóvel e movendo apenas os olhos.

A. Olhe cinco ou mais vezes na mesma direção.
B. Evite a tensão. Execute todos os movimentos lenta e livremente.

A. continue por alguns minutos.
Repouse quando cansado.

1. Olhe para cima e para baixo.
2. Olhe para a direita e para a esquerda.
3. Olhe para o canto direito do teto, para o canto esquerdo do piso.
4. Olhe para o canto esquerdo do teto, para o canto direito do piso.
5. Corra seus olhos lentamente em grandes círculos, depois em pequenos círculos, para a direita e para a esquerda.
6. Olhe para a frente à distância, em seguida para um objeto imediatamente perto de você.
7. Feche os olhos como se estivesse evitando uma luz muito forte e em seguida vá abrindo-os gradativamente. Evite pestanejar. Certifique-se de que os músculos de seus olhos se tornem completamente à vontade.

Muito provavelmente, os músculos de seus maxilares, dos lábios, da parte superior do nariz, da testa, das têmporas ou do couro cabeludo podem estar ainda tensos. Vários bocejos podem ser úteis. Além disso, faça umas massagens no rosto e na testa como se estivesse se lavando.

Uma pressão na testa poderá dar também um alívio aos olhos fatigados. Se tiver dificuldade em relaxar seus olhos quando deitado de costas, tente este processo: entrelace seus dedos. Coloque as palmas de suas mãos sobre a testa. Deixe o peso de suas mãos cair sobre seus olhos e não para trás de sua cabeça. Suas mãos devem estar tão unidas pela junção de seus dedos que não se separam. Deixe seus cotovelos caírem sobre a cama. Desse modo, sua testa recebe todo o peso de suas mãos.

Para aliviar uma sensação de ardor nos olhos, aplique um pano úmido sobre eles e cubra-os com uma pequena toalha.

Por um repouso total

Assente-se a uma mesa ou a um birô; coloque seus cotovelos em cima da mesa. Ponha um pequeno travesseiro ou almofada sob seus cotovelos, de modo que possa ficar nessa posição confortavelmente por um período mais longo. Se não houver nada disso à mão, coloque seus cotovelos em cima de suas coxas, um pouco acima da rótula (há normalmente uma pequena depressão em que seus cotovelos podem se adaptar perfeitamente). Conserve seus pés distantes um do outro cerca de 45 cm; desse modo você estará apoiado e não poderá cair. Afrouxe suas roupas. Dobre o corpo para a frente fazendo pressão sobre os quadris, conservando, porém, a espinha na posição mais ereta possível.

Conserve as palmas de suas mãos viradas para você, com os dedos unidos. Coloque os dedos de uma das mãos em ângulo reto com os dedos da outra mão. Ponha as mãos em forma de concha. Nessa posição, coloque as palmas sobre os olhos. Não deve haver nenhuma pressão ou contato com os globos oculares. Seu nariz deve estar também livre de pressão. A parte posterior de suas palmas deve ficar abaixo dos ossos malares. Desloque suas mãos, se necessário, até que *toda* claridade seja excluída. Permaneça nessa posição confortável tanto quanto puder (ver ilustração).

Períodos de descanso mental dos olhos

Com os olhos fechados, use de *qualquer* um dos seguintes

meios de se livrar temporariamente da fadiga mental, das preocupações ou problemas do momento. O menor alívio de suas ansiedades é uma conquista para o seu bem-estar mental.

1. Tome uma espécie de "férias mentais" num cenário ou lugar mais suave e confortante que possa imaginar ou lembrar.
2. Visualize um objeto familiar escuro ou azul-marinho, tal como um sapato preto, uma cortina ou um chapéu.
3. Abra os olhos. Olhe prolongadamente para um determinado objeto em seu quarto. Não importa o que possa ser. Em seguida, feche os olhos e cubra-os com as mãos — visualize a forma, o tamanho, a cor, a estrutura, a posição e a operação do objeto — como se fosse comprar ou escolher outro igual. (A visualização, como a imaginação, não requer nenhum esforço nem tensão mental.)
4. Abra os olhos; demore-se por um minuto num quadro suave que pode estar pendurado na parede. Em seguida feche os olhos e cubra-os com as mãos. Agora deixe sua mente se absorver totalmente no quadro. Em sua imaginação, talvez você possa captar sua "mensagem", perguntando-se qual teria sido a motivação do quadro. Imagine algo em torno da vida e da personalidade do artista.

Agora, sorria

Assente-se direito. Esboce um sorriso. O sorriso não deve ser um que implique uma perspectiva excitável. Deve ser produzido pelo pensamento de um fato agradável que evocará en você uma sensação tranqüilizante e suave. Continue sorrindo e ao fazê-lo deixe que o sentimento do sorriso se estenda sobre todo o seu corpo. Você pode notar uma sensação gradativa de bem-estar e de comodidade perpassando por todo seu ser, até as pontas dos pés. Se o sorriso não vier espontaneamente, procure recordar algum fato de sua vida quando foi agradavelmente surpreendido ou pense em suas diversões favoritas. Recorde-se de seu deleite ao presenciar uma bela cena ou pense em algum acontecimento passado, agradável e satisfatório.

Agora tente isso: pense em algo desagradável e observe

como a tensão se manifesta imediatamente, sobretudo em seus olhos. Tente agora o impossível — procure esboçar um sorriso feliz com seus dentes cerrados e seus olhos arregalados!

Pelo contrário, observe o que acontece quando você sorri com satisfação e de modo relaxado. Seus dentes se afastam levemente, suas narinas se dilatam um pouco e seus olhos ficam semicerrados. Todo músculo de seu rosto está à vontade. A expressão estará inevitavelmente à altura da natureza da experiência correlata que o leva a sorrir. Pode ter uma influência decisiva, embora temporária, sobre todo seu ser.

Relaxar Assentado, de Pé e Caminhando

A essa altura é possível que você esteja se perguntando como se pode relaxar quando não é nem conveniente nem possível ficar deitado? Bem, você pode relaxar também em outras posições e transformar seus minutos disponíveis num período de absoluto repouso. Mas o repouso não é possível a menos que seus músculos estejam ativos, daí porque alguns exercícios de *fundo* são de importância capital. Eles ativarão seu corpo como preparativo para a relaxação.

Você pode também usar qualquer um dos seguintes exercícios simplificados para conseguir um alívio temporário da dor em qualquer parte de seu corpo, como o pescoço, as costas, os braços ou as pernas. Quando uma parte de seu corpo está indisposta ou "atada", faça uma leve massagem até que uma parte do incômodo seja eliminada. Ou use remédios caseiros, como quentes e frios. A relaxação terá então mais prontamente o efeito desejado sobre você.

Para relaxar assentado

Nossas células musculares, flácidas pela inatividade e pela excessiva posição assentada, precisam de uma relaxação periódica. Será mais completa e benéfica se o corpo for exercitado livremente durante alguns minutos. Observe qual a parte de seu corpo que está particularmente tensa e cansada e, em seguida, estenda essa parte lentamente em toda direção.

As mesmas normas e palavras de advertência para os exercícios na posição deitada (capítulo 4) se aplicam a qualquer posição em que seu corpo possa se encontrar. E-s-t-e-n-d-a lentamente contando até cinco e recolha seus músculos com a mesma contagem. Faça todos os exercícios de modo lento e cômodo. Você não os está praticando com a finalidade de tornar seus músculos poderosos, mas para torná-los mais flexíveis e livrá-los de suas tensões habituais. Exercitando-se rítmica e conscientemente, você estabelecerá logo um hábito sistemático.

1. Pratique respirando em ritmo lento e suave, deixando todo o seu abdômen subir e descer lenta e suavemente. Inspire levemente contando até cinco; em seguida deixe o ar escapar de seus pulmões ainda mais lentamente. Descanse um pouco antes de tornar a inspirar. Inspirações lentas e rítmicas têm a tendência de acalmar suas emoções.

2. Imite o bocejo controlado e entrecerre os olhos ao mesmo tempo. Deixe seus maxilares se cerrarem, mas com alguma resistência. Bocejar plena e profundamente tem muitas funções, entre elas a de diminuir a fadiga mental.

3. Estenda sua mão direita, seu braço e seu lado direito para cima, tornando-se alto. Ao mesmo tempo, inspire profundamente, como explicado acima. Vá deixando aos poucos que seus músculos voltem à posição inicial. Agite a parte exercitada. Faça o mesmo com o braço e o lado esquerdo de seu corpo. Descanse durante uns dois minutos. Isso o livrará de uma decadência brusca e ativará os músculos do peito e do braço.

4. (a) Coloque os dedos na parte interior de seu pulso e no antebraço. Suas palmas devem se juntar adequadamente. Aperte suavemente, pressione-as firmemente até sentir uma ligeira pressão nos ombros e no pescoço.

(b) Junte os dedos de uma das mãos com os dedos da outra, com as palmas voltadas para você. Estique-os até poder sentir a extensão de suas omoplatas. Execute uma rotação de seus ombros para a direita e para a esquerda; em seguida, para frente e para trás — um esplêndido exercício para remover a tensão entre os ombros.

5. Distenda seu quadril e a perna direita paralelamente à cadeira, oferecendo resistência com o abdômen. Regule o movimento com a lenta contagem

até cinco e faça o mesmo com a volta resistente à posição normal. Movimente a parte exercitada. Faça o mesmo exercício com o quadril e a perna esquerda. Esse exercício aliviará a tensão nos músculos de sua perna e da panturrilha.

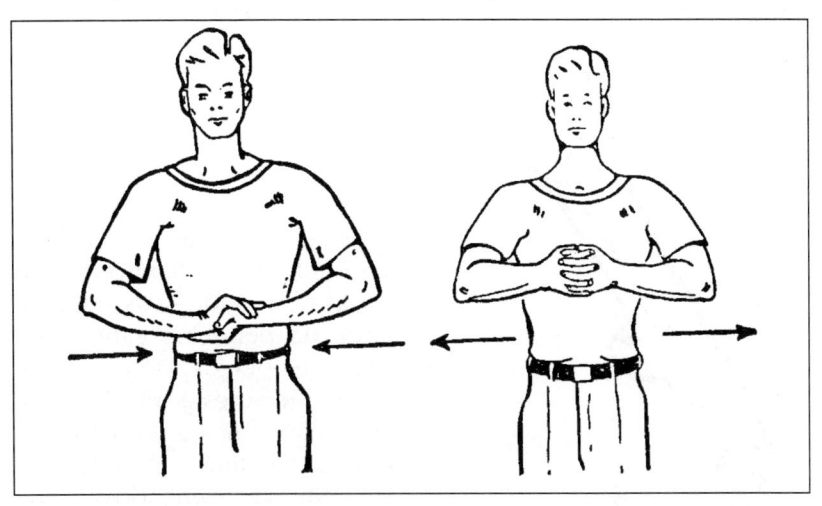

6. Com os pés juntos no chão, estenda e separe suas coxas e em seguida, com certa resistência, junte seus joelhos. Se você estiver assentado em posição ereta, deve experimentar a ação muscular em seu quadris e pernas, assim como na região lombar e no abdômen. Seu abdômen deve estar recolhido e não protuberante durante esse processo. Experimente esse exercício de revigoramento e também de conforto para as coxas, quadris e nádegas.

7. Assente-se com ambos os pés no chão. Faça de conta que você está apanhando uma bola de gude com os dedos dos pés e deixando-a depois cair com certa resistência. Esse é um comprovado exercício de revigoramento dos músculos e arcos da coxa.

8. Estenda seu corpo para a direita, em seguida para a esquerda e aos poucos vá voltando à posição normal. Isso alivia pequenas tensões dos músculos lombares.

9. Estenda suas mãos para baixo na direção do piso e aos poucos, com resistência, vá recolhendo-as à posição normal. Incline-se para trás e lentamente volte à posição ereta. Isso aliviará um pouco suas tensões nos músculos superiores das costas.

10. Estenda seu pescoço para a direita, para a esquerda,

para frente e para trás, durante alguns minutos. Em seguida, agite um pouco sua cabeça. Isso é bom para aliviar a tensão muscular de seu pescoço.

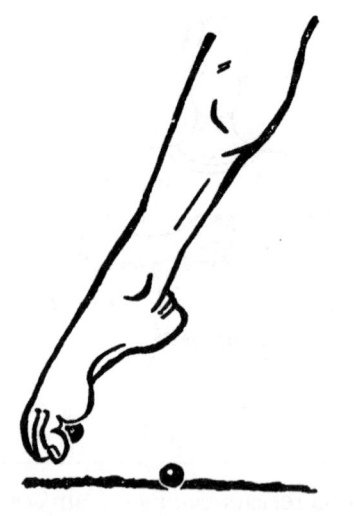

Como se assentar

Agora que você se exercitou, sua relaxação numa posição assentada será mais completa. Você pode ficar confortavelmente por mais tempo e se sentir mais forte se *deixar sua coluna vertebral levar o peso de seu corpo como deve ser*. Assente-se um pouco para a frente e se equilibre de modo que *todo o peso do corpo esteja distribuído por igual* através da coluna vertebral, sem pender nem para frente nem para trás, nem para um lado nem para outro. (Se você estiver assentado numa cadeira de encosto retilíneo, pode apoiar sua espinha ligeiramente contra ele). Desse modo você obtém o máximo de alívio da fadiga e da tensão musculares e pode manter a posição por mais tempo.

Essa "ereção" não é um fetiche, mas uma conseqüência lógica de uma natural estrutura esquelética. Seus pés devem se assentar no chão e todo o peso de suas pernas sobre eles. Se você adquiriu o hábito de cruzar as pernas, de se assentar de lado, de pender a cabeça, de cruzar os braços sobre o peito, você logo se cansará. Não procure relaxar nessa posição contraída, pois terá constantemente de mudar, tornando-se cada vez mais tenso e cansado. Você não encontrará o conforto esperado cruzando suas pernas e pressionando ainda outra série de músculos.

Seus braços e suas mãos devem repousar plenamente no colo, sobre os braços da cadeira ou sobre uma mesa. Sua cabeça deve estar igualmente equilibrada sobre o pescoço; os ombros não devem estar levantados. Deve haver uma perfeita liberdade de movimentos de sua cabeça para frente e para trás, para um lado e para outro. Isso tenderá a produzir a menor quantidade de tensão ou fadiga nos músculos do pescoço.

Quando você está bem equilibrado, sem pender nem para um lado nem para outro, você pode entrar comodamente num estado de relaxação. Mesmo se você descansar apenas dez minutos, isso pode ser suficiente para aliviar um pouco a tensão dos nervos e aliviá-lo de uma dose de fadiga. Agora, para adiantar sua relaxação sem esforço, comece a exercitar a tranqüilidade mental.

Você pode exercitá-la corretamente assentado quer no seu trabalho, quer num teatro, ou assistindo à TV, ou ouvindo rádio, ou na presença de outras pessoas. Com uma repetição consciente desse exercício, acabará por criar o hábito. Você não se assentará mais de modo contraído ou retesado, mas achará mais fácil assentar-se dignamente e em perfeito repouso. Se, além disso, você sorrir, ressaltará admiravelmente sua elegância e simpatia. Mantenha em sua mente a idéia de "calma". Dirija seus pensamentos de calma para toda parte de seu corpo, especialmente para seus olhos e para as profundezas de sua consciência.

A boa postura

Considere como uma posição facilmente equilibrada e com desenvoltura pode ajudá-lo. Uma boa postura não só o fará sentir-se melhor, mas também a ter uma aparência melhor. O porte de um corpo equilibrado é o sinal de seu verdadeiro bem-estar e da capacidade de fazer coisas com eficiência e comodidade.

A boa postura é importante. Adote a postura desenvolta, e igualmente equilibrada, distribuindo seu peso *de modo igual sobre ambos os pés* (que deverão estar calçados em sapatos cômodos e ajustados). Além disso, esteja seguro de que seus quadris não fiquem salientes nem seu abdômen derreado. Suas costelas não estejam recolhidas, nem também excessivamente salientes. Não fiquem seus ombros inclinados para frente, nem para trás, para evitar a tensão nos músculos do peito. Nem estejam seus ombros "quadrados" ou forçados para cima, dando uma impressão de rigidez, o aspecto de uma estátua.

A cabeça igualmente equilibrada sobre o pescoço é mais fácil de ser levada. Seu queixo não deve estar caído para frente e para baixo do peito (fazendo-o parecer ansioso e deprimido); nem esteja sua cabeça demasiadamente derreada para trás, com seu nariz no ar, dando a impressão de olhar o mundo de cima para baixo.

Se você ficar de pé, numa posição em que só uma *parte* de sua estrutura muscular e esquelética carregue *todo* o peso, aquela parte sob pressão se tornará logo cansada. Muitas mudanças e variações têm lugar, resultando inevitavelmente numa fadiga generalizada.

Uma postura inconveniente não só não é atraente, mas também predispõe para muitos males. Por exemplo, seus olhos podem se tornar mais lânguidos, sua expressão facial estará conturbada e sua cabeça cairá sobre o peito. Seu busto se comprime e suas costelas se recolhem. Sua respiração é difícil e sua circulação deficiente. Seu abdômen pode pender, seu estômago cair, sua pelve se inclinará e seus arcos se enfraquecerão. Suas juntas, estando ligeiramente deformadas, estão sujeitas a se tornarem rígidas e estragadas pelo desuso (uma causa comum da artrite). Uma postura desequilibrada e sem atração pode produzir tensões em seus músculos e juntas espinhais; por sua vez, essas distorções anatômicas podem provocar irritações nas fibras nervosas espinhais e nos vasos sanguíneos que perpassam por todos os músculos e estruturas de seu corpo. E essas irritações interferem nos impulsos nervosos. Muitas vezes esse estado pode ser a base mais remota de males físicos e mentais.

Uma postura descuidada sugere que você esteja deprimido. Um porte excessivamente rígido ou teso revela ou insociabilidade ou tensão interior. *Você pode realmente mudar seu estado emotivo mudando de porte!* A influência recíproca das duas coisas é um dos ABC da Psicologia.

Tomando consciência de seu porte, corrigindo-o e controlando-o, você conservará com proveito sua energia e poderá desenvolver melhor todas as suas atividades. Quando você está em pé, em posição ereta, você dá a impressão de bem-estar. Agora confirme essa impressão fazendo brilhar seus olhos e relaxando sua fisionomia numa expressão agradável. Com razão já se disse que ninguém consegue se vestir ricamente antes de pôr um sorriso nos lábios.

Para conservar a boa postura uma vez alcançada e elevar o espírito, arranje tempo para alguma correção necessária, para período de relaxação e para algum exercício físico de uma ou de outra maneira.

Como caminhar?

O caminhar, quando feito

adequadamente, é considerado como o exercício mais natural, fácil e saudável. Mas observe as pessoas que passam caminhando por você; verifique que a maioria delas se mostra abatida ou preocupada, com o corpo rígido e parece tensa e desajeitada.

O segredo de um porte saudável é deixar que todo o corpo fique bastante flexível, de modo que nenhuma parte dele fique rígida. Devemos experimentar a sensação de um corpo leve e cômodo. A posição adequada do corpo que caminha é para a frente, como se estivéssemos sendo empurrados pelo vento. Os pés vão à frente e o joelho é levantado a cada passo. Isso dá a flexibilidade natural a seu andar, que é levada às juntas lombares e a todas as juntas da espinha. Isso ativa todos os músculos ligados à estrutura esquelética. O corpo oscila e gira um pouco a cada passo e com todo o balançar suave dos braços. Esse andar pode ser contínuo por um considerável espaço de tempo, sem fadiga, e dar um sentimento de bem-estar. Quando você caminha, sinta como se estivesse deixando suas dificuldades para trás.

Vantagens da relaxação

1. Se você relaxa quando excitado, seus nervos começarão a se aquietar também.

2. Sua voz se tornará mais controlada.

3. Um pensamento mais claro lhe poupará uma conversação rápida, excitada e irrefletida.

4. Se você estiver sob pressão de outras pessoas, você será mais capaz de não se abater com qualquer revés.

5. Se as vozes vindas na sua direção forem ásperas ou altas, a relaxação fá-lo-á lembrar-se de oferecer uma prece para que as pessoas que falam possam se ouvir como os outros as ouvem.

6. Se você estiver ouvindo palavras de sabedoria, elas aumentarão sua capacidade de ouvir e de lembrar.

7. Os minutos que você dedica à relaxação aumentarão sua tranqüilidade quando estiver esperando "ser o próximo" em qualquer espécie de fila.

8. Ela pode ser um passo decisivo para sua felicidade.

9. Pode levar à paz interior.

10. Pode despertar suas forças latentes de realização.

YOGA NIDRA —
RELAXAMENTO
FÍSICO-MENTAL-
EMOCIONAL
Paramhansa
Satyananda
Formato: 14 x 21
108 páginas
Editora Thesaurus
Tel.: (061) 225-3011
Brasília
(Ver pág. 131)

Yoga Nidra e o Relaxamento

PROF. PARAMHANSA SATYANANDA

Introdução

Yoga nidra é um método para provocar completo relaxamento físico, mental e emocional.

Yoga nidra é um composto de duas palavras em sânscrito: *yoga* significa união, convergência; *nidra* corresponde de maneira geral a *relaxamento*, embora seja uma corruptela da palavra que em sânscrito significa *sono*. Então yoga nidra quer dizer "relaxamento por meio de convergência da mente para um ponto".

O estado de relaxamento é alcançado por uma interiorização que afasta as sensações exteriores.

Nós nos desligamos tão completamente que nos parece que adormecemos. Por isso mesmo, muitas vezes referem-se ao yoga nidra como "sono psíquico", "sono lúcido", ou "sono em estado de consciência interior". É um estado que se situa no limite entre sono e vigília e que permite contato com o subconsciente e com o inconsciente, contato este associado a uma consciência passiva dos fatos e à ausência de ansiedade e tensão.

Sono

Yoga nidra pode ser usado para provocar sono. Pode também substituir o sono. Muita gente adormece enquanto lê ou enquanto tenta resolver algum problema, ou mesmo enquanto está debaixo de alguma ansiedade. Durante o sono os mesmos pensamentos e preocupações ocupam a mente e o corpo permanece tenso. De manhã, a pessoa se sente cansada, letárgica e torna-se difícil sair da cama. Por algum tempo há um estado de sonolência, entre sonho e despertar. Geralmente oito horas de sono são suficientes para pessoas sadias. A prática de yoga nidra, imediatamente antes de dormir, produz um sono profundo e repousante. A mente e o corpo relaxam por completo e, em conseqüência, o número de horas de sono necessárias se reduz. Yoga nidra pode e deve ser praticado outras vezes durante o dia para que se usufrua de seus benefícios como técnica de meditação. Quando se consegue praticar assiduamente e com resultados positivos, o yoga nidra produz uma sensação de completo repouso. Uma hora de yoga nidra durante o dia corresponde a quatro horas de sono durante a noite.

Yoga nidra é um método de *pratyahara* ou desligamento em que se tenta ignorar as sensações físicas. Isso reduz drasticamente a consciência da existência do mundo exterior e do nosso corpo físico. Alcança-se este ponto mentalizando cada parte do corpo separadamente, em rodízio sistemático. Desse modo, a consciência é dirigida de um pensamento a outro, de uma sensação a outra, e se retrai naturalmente. Resulta daí um profundo estado de relaxamento que liberta tensões e limpa a mente de elementos perturbadores.

Receptividade

A mente torna-se límpida e podemos então entrar em contato com nossa personalidade interior. Em yoga nidra, sugestões positivas feitas a si mesmo têm uma força poderosíssima e podem mudar toda uma vida: no começo e no final da prática de yoga nidra, deve-se sempre incluir uma oportunidade formal para se mentalizar um propósito positivo. Estamos nesta ocasião num estado de altíssima receptividade, campo excelente para aprendizagem, pois o material vai diretamente ao inconsciente sem a interferência do consciente. A maior vantagem disso em yoga nidra é que o método é fácil e completamente assimilado pelo aluno, que logo pode praticar sozinho, sem um professor. Oferece também grande potencial no campo da educação. Por exemplo, na Bulgária, tentaram um método semelhante ao yoga nidra para o ensino de línguas estrangeiras, que levavam dois ou três anos para serem assimiladas pelo aluno. O tempo de aprendizagem diminuiu para algumas semanas somente.

A prática de yoga nidra pode transformar sua vida numa contínua expressão de bem-estar e alegria, porque as pessoas que sabem relaxar trabalham com mais eficiência, gozam a vida em sua plenitude e se relacionam melhor com os outros. Enquanto a tensão leva ao desperdício de energia e de raciocínio, um relaxamento verdadeiro nos dá a recuperação do poder mental e físico e, além disso, nos permite direcionar esse poder para o ponto que desejamos.

Assim, yoga nidra fortalece nossa vontade e nos auxilia a encontrar novos horizontes para nossa vida.

A necessidade do relaxamento

Mesmo as últimas descobertas científicas, o progresso tecnológico e as bem organizadas instituições econômicas, sociais e políticas do mundo de hoje falharam no momento de solucionar os problemas físicos, mentais e espirituais do homem moderno. Lei, polícia, exércitos, governos, constituições, tudo falhou. Somos emocionalmente paupérrimos apesar da prosperidade, do conforto material, dos seguros sociais, do melhor ensino que nos oferece a sociedade atual. No nível emocional, temos doenças, desequilíbrios e desorganização: tudo, exceto paz de espírito. Sofremos de doenças crônicas, não somente físicas mas sobretudo mentais. Nos países em desenvolvimento, as pessoas sofrem mais com as moléstias físicas, ao passo que, nas civilizações mais avançadas e prósperas, existem moléstias mentais crônicas a respeito das quais somos totalmente ignorantes. Não temos a menor idéia da natureza dos erros psicológicos, das tensões e aflições profundamente arraigadas que dirigem nosso destino e ditam o comportamento humano. As aflições individuais, as torturas e dores que são inevitáveis em nossas vidas estão guiando os destinos da humanidade. A inquietação no mundo inteiro é apenas um reflexo do estado mental doentio do homem moderno.

Sociedade moderna

As sociedades modernas acabaram com as grandes desgraças do passado mas enfrentam uma nova epidemia de doenças mentais e físicas causadas pela exaustiva competição diária na vida atual. Na Austrália, por exemplo, mais de metade dos leitos nos hospitais (psiquiátricos ou não) estão ocupados por vítimas de alcoolismo, esquizofrenia e males semelhantes. Em todos os países desenvolvidos, consomem-se enormes quantidades de barbitúricos, tranqüilizantes e comprimidos para dor de cabeça, todos os anos.

Tranqüilizantes e álcool podem aliviar temporariamente as tensões musculares e emocionais, mas, quando o efeito cessa ou diminui, o mal que fazem é comprovadamente muito superior ao bem que possam ter feito ao organismo. Os problemas mentais, que o indivíduo tinha conseguido esquecer por algum tempo, voltam, com mais intensidade e muitas vezes ele não está em condições de suportar o impacto e se torna uma pessoa mentalmente física e instável. É bastante significativo saber que muitos esquizofrênicos são também alcoólatras.

Muitas das outras moléstias características dos países industrializados são indubitavelmente de origem psicossomática, embora sejam também importantes as causas físicas, como maus hábitos de alimentação e poluição. Nos Estados Unidos quase metade do total de mortes é causada por distúrbios cardíacos ou arteriais e várias formas de câncer matam um quinto. Outras doenças incluem diabete, artrite e reumatismo, úlceras de estômago, asma, bronquite, complicações renais, uma porção de perturbações digestivas, doenças de pele. Esses males se originam em tensões profundamente enraizadas em nossa mente e em nosso corpo.

Deficiências mentais

Não há ninguém hoje em dia que esteja livre de qualquer deficiência mental. Esta deficiência nunca poderá ser curada com prosperidade na vida ou com algumas orações pela manhã. Muita gente ignora o que é realmente uma deficiência mental e os fatores e temores nos são completamente desconhecidos. Vivemos num mundo em que a matéria é mais importante. Quando sabemos que nosso corpo está doente, logo procuramos tratamento, porém quando a mente está enferma, nem percebemos e, portanto, não nos curamos. Assim, a enfermidade torna-se parte das camadas mais profundas de nossa mente, no subconsciente.

· Cada mente faz parte da coletividade. Deficiências mentais individuais ou coletivas podem conduzir a um desastre geral e muitas vezes isso acontece. Tem de haver um meio de fazer desenvolver na sociedade, na comunidade, na família e no próprio indivíduo condições de vida saudáveis. As religiões fracassaram. A economia também fracassou em sua finalidade de oferecer paz à humanidade e dar uma solução aos problemas do indivíduo, da comunidade e da sociedade. Estes problemas começam basicamente no indivíduo e só podem ser solucionados pelo próprio indivíduo.

O indivíduo está no centro, é o núcleo, de quase todos os problemas atuais.

Tensões

Os santos e sábios da Índia já dizem há muitos séculos que a paz e a tranqüilidade vêm de dentro para fora e não de fora para dentro. Todos deveriam gozar da possibilidade de penetrar até o subconsciente para que a personalidade interior de cada um pudesse ser atingida, ser tratada e, sobretudo, ser transformada numa personalidade saudável. Yoga nidra oferece essa grande possibilidade.

A psicologia moderna e a filosofia hindu enumeram os três tipos de tensões responsáveis por todas as aflições da vida moderna. A primeira é a tensão física ou muscular. A segunda é a mental ou psíquica. A terceira é a tensão emocional. Esses três tipos de tensão originam doenças, inibições, complexos, ansiedades e toda uma gama de sofrimentos.

A maioria das pessoas diz ou pensa que está relaxada a maior parte do tempo. Para alguns poucos, isso é verdade, porém testes científicos provam definitivamente que quase todas as pessoas estão sempre tensas, embora nem percebam o fato. Nós mesmos podemos confirmar isso através de observação: quem não conhece gente que tem o cacoete de roer unhas, botar o dedo no nariz, coçar a cabeça ou ficar alisando o queixo? Outros fumam um cigarro atrás do outro, falam ininterruptamente sem dizer nada, não param quietos ou estão sempre prontos a irritar-se. Todos agem assim sem notar, e nós também podemos perfeitamente não ter a menor consciência de nosso estado de tensão: pensamos às vezes que somos felizes e descontraídos, mas basta um exame mais detalhado de nós mesmos e de nosso comportamento geral para chegar à conclusão oposta.

Relaxar parece facílimo: basta deitar-se numa posição confortável, fechar os olhos e adormecer. Também um cigarro, um drinque, um bom filme. Ou quem sabe ir até o clube, ou conseguir uma receita de tranqüilizantes, ou tirar umas férias pode ser bom? Tudo isso produz apenas um alívio temporário, passageiro, das tensões existentes. Mesmo quando as pessoas estão dormindo, a cabeça continua funcionando, tentando resolver problemas; então acordam cansadas, exaustas do mesmo modo. No século da ciência, ninguém sabe nada a respeito de relaxamento.

Yoga nidra

Yoga nidra é o tranqüilizante do iogue. É o meio natural de estabelecer harmonia e bem-estar por todo o organismo. É um sistema para relaxar que tem efeitos surpreendentes: reduz as tensões físicas e mentais que a vida moderna provoca, rejuvenesce o sistema nervoso das pessoas doentes ou enfraquecidas e desperta uma grande capacidade de cura.

Yoga nidra é conhecido como método de relaxamento mas, na verdade, seu grande objetivo é um equilíbrio físico e mental. Yoga nidra provoca um estado de tranqüilidade em todas as dimensões da personalidade e uma consciência de esclarecimento e auto-realização. A prática é baseada num rodízio de conscientização em que a mente focaliza as diferentes partes do corpo. Este é o segredo do sucesso do yoga nidra. Outras técnicas são igualmente utilizadas, tais como *antar mouna pranayama; chidakasha, dharana,* visualização interior. Em conjunto, a prática se constitui num método versátil de meditação que é útil tanto para iniciantes como para estudantes mais avançados.

Para ter uma idéia nítida do que é realmente yoga nidra e lhe dar o merecido valor, é necessário conhecer algo sobre o vasto campo do yoga e sua psicologia de meditação e também sobre a mente humana. O próximo capítulo tratará disso.

Yoga e a mente

Yoga é a ciência do bem-viver. O yoga atrai pessoas que desejam transformar-se internamente, que não se sentem satisfeitas consigo mesmas ou com a vida que levam. Em suma, os que desejam uma mudança fundamental.

A palavra yoga quer dizer, ao pé da letra, união, comunhão, junção, ou, melhor ainda, fusão. Yoga significa um processo de comunhão, de reintegração da camada mais profunda da consciência com a camada mais alta e mais poderosa da consciência humana. É igualmente a união da personalidade ou forças conscientes com as forças do subconsciente e inconsciente do homem. Yoga é um termo lato que inclui *asanas, pranayama,* misticismo, meditação, atividades altruísticas, entrega ao poder supremo, experiências em supraconsciência e o despertar de poderes e capacidades mentais.

Em yoga há quatro caminhos principais para lidar com as diferentes espécies de tensão. Existem os caminhos de *bhakti yoga*, isto é, entrega completa de si mesmo e devoção a Deus ou a um guru. *Karma yoga* é a busca da perfeição no trabalho inteiramente desprovido de interesses humanos. *Raja yoga* é o controle mental que inclui *asanas, pranayama* e meditação. *Jnana yoga* é auto-análise e pesquisa até atingir a sabedoria máxima. Estas são as espécies de yoga que se destacam no Bhagavad Gita e nos *Yoga Sutras.*

Raja yoga

No mundo moderno o raja yoga é o mais comumente praticado e o que mais se adapta à concepção popular do que é yoga. Esta afirmação é verdadeira sobretudo para os países ocidentais, apesar da ênfase exagerada que dão à parte de conhecimentos intelectuais. A razão principal desse interesse é porque os resultados são muito bons. Raja yoga serve para qualquer um, porque inclui todos os requisitos para uma vida espiritual mais alta desde o início até o fim. Yoga nidra é um método de raja yoga. Nos últimos tempos, a crescente aceitação popular do misticismo hindu no Ocidente fez desenvolver sobremaneira o *bhakti yoga*, mas raja yoga, apesar disso, continua a ser a forma de yoga mais extensamente praticada.

Raja yoga preocupa-se com a consciência e suas várias manifestações: consciente, subconsciente, inconsciente e supraconsciente. A explicação clássica do que seja raja yoga é exposta num livro intitulado *Yoga Sutras*, que é uma coleção magistral de 196 aforismas escritos pelo antigo sábio Patanjali, algum tempo antes do nascimento de Cristo (veja "Quatro Capítulos sobre Liberdade", publicado pela Escola de Yoga Bihar). Patanjali dividiu o caminho de raja yoga em oito estágios diferentes, começando com as regras básicas da mudança do caráter no indivíduo e finalizando com o estágio final de *samadhi* ou auto-realização. Os estágios são os seguintes:

Estágios Preparatórios ou Externos:

1. *Yamas* (normas sociais)
2. *Niyamas* (normas pessoais)
3. *Asanas* (posturas)
4. *Pranayama* (controle de prana, força vital)
5. *Pratyahara* (desligamento dos sentidos)

Estágios mais elevados ou internos:

6. *Dharana* (concentração, convergência)
7. *Dhyana* (meditação pura, isto é, concentração espontânea)
8. *Samadhi* (supraconsciência)

Os quatro primeiros estágios desse yoga referem-se a práticas específicas, os quatro últimos, porém, ligam-se a estados de consciência e às práticas necessárias para atingi-los. Primeiro a consciência mergulha no estado de *pratyahara* e depois se expande em direção a *samadhi*, que só pode ser alcançada quando todos os estágios anteriores se desenvolvem até certo nível.

Hatha yoga

Já deve ter ficado claro para o leitor o fato de que o yoga abrange um campo muito vasto, mas na opinião popular ele se restringe ainda a exercícios físicos ou posturas *(asanas)* e a exercícios de respiração *(pranayama)*, que, em conjunto, formam o hatha yoga. *Asanas* e *pranayamas* são muito importantes, contudo é absolutamente necessário que se tenha sempre em mente que ambos são apenas exercícios preliminares.

Ao mesmo tempo, os chamados exercícios de hatha yoga não oferecem somente benefícios físicos como redução de peso, tônus muscular, estética ou tratamento de males como sinusite, úlcera e asma. Cientistas descobriram que *asanas* e *pranayama* também têm influência benéfica sobre males psicossomáticos, mentais e físicos que surgem sob a forma de doenças psíquicas.

Dificuldades mentais como ansiedade, inquietação, neuroses, insônia e grandes preocupações podem ser curadas, sem perigo nenhum, através do yoga e suas posturas físicas, pois estas não só anulam defeitos físicos e problemas como também estimulam e influenciam as várias glândulas que geram as emoções.

Meditação

Quando atingimos as práticas de meditação, descobrimos que há centenas de maneiras de mergulhar dentro das camadas mais profundas da própria consciência. Em yoga, meditação tem um papel preponderante como método efetivo de provocar relaxamento mental e físico e de libertar a mente de tensões e complexos arraigados no fundo do ser. A meditação no Ocidente é considerada como um processo de contemplação de uma idéia em particular. Em yoga, ela é definida como um processo de conscientização através do qual tentamos atingir o ponto mais alto do nosso ser.

Na meditação, a pessoa procura adquirir um completo conhecimento de si mesmo e tenta treinar e coordenar as infinitas potencialidades da própria mente. O método não é tão difícil, porém cada um deve encontrar o seu próprio caminho. Todas as técnicas têm como objetivo conduzir o indivíduo através de *pratyahara* até *dharana*, quando então a meditação pura ou *dhyana* poderá advir espontaneamente. Muita gente afirmará que a meditação transcendental — uma forma de *mantra yoga* — é o método mais efetivo para atingir esse ponto. Porém existem outras técnicas que trazem resultados igualmente bons, como *japa yoga, ajapa japa, mantra siddhi yoga, yoga nidra, antar mouna, chidakasha dharana, trataka, nada yoga, prana vidya* e *krya yoga* (veja "Meditations from the Tantras", publicado pela Escola de Yoga de Bihar). As duas técnicas mais úteis para o homem moderno são *japa yoga* e *yoga nidra*.

A meditação propriamente dita vem espontaneamente, mas para desenvolver o poder de meditação temos de nos submeter a todo um processo de relaxamento, que só é atingido totalmente através do desligamento completo do ambiente exterior para um mergulho profundo dentro de si mesmo. Então, aos poucos, a consciência da existência de um mundo exterior desaparece. A consciência do corpo físico, da respiração, da mente consciente, do subconsciente e também do inconsciente vai desaparecendo, sendo este último estágio o mais difícil. Em yoga se diz que, quando se perde a consciência de tudo isso, atingiu-se um relaxamento completo e tem início a verdadeira meditação. No sistema de Patanjali esta é a prática completa de *pratyahara, dharana* e *dhyana*.

Símbolo psíquico

Muitas das técnicas já descritas atingem *pratyahara* pela prática sistemática da conscientização do corpo, da respiração, da presença de sons externos e através da repetição do mantra. Essa conscientização provoca um afastamento do mundo exterior, em parte porque concentra a mente e parte porque a mente fica de tal maneira atenta a fatos internos que esquece o ambiente externo. Quando se completa *pratyahara*, a mente está concentrada num ponto e então o problema será manter a mente presa a esse ponto e, ao mesmo tempo, haver uma conscientização interior. Se o indivíduo continuar a prática de *pratyahara*, o consciente se dissolve no inconsciente e ele adormecerá. Por isso, quando o consciente fica restrito a uma área limitada, escolhe-se um símbolo psíquico como objeto de concentração. Esse símbolo deve ser um objeto, ter uma forma determinada, e não ser apenas uma idéia abstrata. Pode ser uma figura humana como Cristo, Buda, ou seu guru, pode também ser uma flor de lótus, um triângulo, o símbolo de um chakra, um ovo dourado ou um simples mandala ou yantra; ou mesmo um mantra que tenha tomado corpo. Estes símbolos psíquicos, em yoga nidra, são apresentados ao indivíduo.

Imagens subconscientes

Neste estágio, a consciência já está penetrando o subconsciente. Especialmente no início, quando se tenta concentração num símbolo psíquico ou numa imagem, muitas outras imagens aparecem para perturbar e distrair a atenção. Essas imagens são na realidade eliminações subconscientes — expressões instintivas, motivos ocultos, desejos insatisfeitos, lembranças, experiências passadas — expressões simbólicas das camadas mais profundas de sua personalidade. Em yoga elas são conhecidas como *samskaras* ou impressões que constituem os elementos de nosso ego mental. Na psicanálise ocidental esses elementos são denominados inibições, complexos, repressão, neuroses, medos, fobias e psicoses. Eles são a causa de nossas tensões profundas e da constante inquietude da mente, e ficam bem no fundo de todos os nossos comportamentos na vida diária. Condicionam nossos pensamentos conscientes e experiências e nos compelem a responder a eles de forma previsível. Em yoga é importantíssimo libertar a mente dessas manifestações doentias para conseguir algum progresso.

Esses elementos emocionais subconscientes estão sempre no limiar de nossa mente e emergirão tão logo se atinja o relaxamento físico e mental. Não é necessário ou desejável analisar essas impressões, mas elas precisam ser eliminadas para que se alcance uma profundidade maior de meditação. Quando surgem pela primeira vez, essas imagens podem às vezes apresentar-se sob formas perturbadoras e até mesmo aterrorizantes como demônios, dragões, fantasmas, serpentes, seres diabólicos, etc. Gradualmente porém o aspecto muda e começa-se a visualizar jardins belíssimos, lagos serenos, paisagens tranqüilas, santos, nossa imagem em paz com ela própria e vários aspectos mais elevados de nossa personalidade. Quaisquer que sejam as experiências que se tenha ou imagens que se percebam, é extremamente importante que não nos envolvamos nelas: deve-se simplesmente contemplá-las como figuras numa tela de cinema. É necessário que se permaneça consciente de tudo. Consciente, porém, como um espectador. A consciência é o que quebra os laços do envolvimento pessoal, é o meio de se libertar das impressões ou *samskaras*. Finalmente, um dia, todas as imagens cessarão de vir à tona, talvez depois de praticar meditação durante meses ou anos, quando então teremos atingido o estágio de meditação pura ou *dhyana*.

Yoga nidra é um método completo que pode conduzir de *pratyahara* para *dharana* e finalmente até *dhyana*. É habitualmente oferecido como um meio de desligamento dos sentidos que leva ao relaxamento. Os estágios mais altos porém, também são acessíveis ao praticante persistente. O capítulo seguinte explica o yoga nidra como um método de relaxamento e de meditação.

* * *

Práticas e exercícios

Sugestões

Yoga nidra pode ser praticado em aula ou em casa. Se você pretende fazer yoga em casa, escolha um aposento tranqüilo e fechado e use sempre o mesmo todos os dias. O aposento deve ser bem arejado sem ser ventilado demais, não deve ter mosquito, a iluminação não pode ser muito intensa e a temperatura deve ser agradável. Se for necessário usar ventilador, não o coloque em sua direção. Numa sessão de yoga, as pessoas devem ficar fisicamente separadas umas das outras. Se o yoga nidra for praticado ao ar livre, deve haver uma cobertura para o corpo e para a cabeça. Isolamento é essencial: interrupções súbitas devem ser evitadas a qualquer preço.

O melhor momento para a prática de yoga nidra é de manhã bem cedo ou à noite, antes de dormir. De quatro às seis da manhã, por exemplo, é um período tranqüilo e ideal para o relaxamento. Quando você escolher um horário durante seu dia, faça o possível para mantê-lo sempre o mesmo. Nunca faça yoga logo depois de alimentar-se. Deixe pelo menos duas horas para a digestão de uma refeição pesada e uma hora se só se alimentou ligeiramente.

Shavasana

Yoga nidra é praticado na postura de *shavasana* — postura de um corpo morto — também chamada *mitrasana* — postura do homem morto (veja "Asana, Pranayama, Mudra, Bandha", publicado pela Escola de Yoga de Bihar). Ficou cientificamente provado que *shavasana* é a postura mais indicada para atingir o relaxamento. Este relaxamento pode ser obtido de diferentes maneiras: pela conscientização da respiração *(pranayama)*, pela conscientização de sons exteriores *(antar mouna)*, pela repetição rítmica de Om *(mantra yoga)* ou pelo rodízio de conscientização do corpo físico, que é uma característica de yoga nidra.

Na postura de *shavasana*, o praticante deita-se no chão, de costas sobre uma esteira ou cobertor. A coluna permanece reta. Os braços, ao longo do corpo e ligeiramente afastados dele de modo que não toquem o tronco em nenhum ponto. As mãos ficam numa posição relaxada, palmas para cima, com os dedos curvos para dentro, mas sem nenhum esforço. As pernas estarão também retas e suficientemente afastadas uma da outra para que não haja nenhum contato ao longo delas. Os pés podem virar-se um pouco para fora. Os olhos devem permanecer fechados.

A posição mais aconselhável é com a cabeça no mesmo nível que o resto do corpo, mas como certas pessoas se sentem inconfortáveis assim, pode-se usar um travesseiro baixo ou um cobertor dobrado sob a cabeça. As pontas do travesseiro devem ficar debaixo dos ombros para assegurar a distensão dos músculos do pescoço e ombros. Evite travesseiros altos, pois provocam tensão muscular, dobrando demais o pescoço. O uso do travesseiro evitará que o praticante ronque. O ronco nem sempre significa que o praticante esteja dormindo, embora seja esse o caso mais freqüente.

Outra região do corpo que pode causar desconforto é a região lombar, na base das costas, onde o corpo se arqueia e se afasta do chão. As pessoas que sentem dor nessa parte do corpo durante o exercício de yoga nidra devem também colocar aí um travesseirinho baixo.

A posição das mãos pode variar: elas podem ficar pousadas sobre o peito, uma em cima da outra com os cotovelos tocando o chão. A desvantagem dessa variação é que ela aumenta o contato físico mas pode ser usada por pessoas a quem a posição em *shavasana* incomode por causa de algum ferimento.

O principal objetivo de *shavasana* é reduzir o estímulo sensorial, daí a posição dos braços e pernas. Portanto é desejável que se use um mínimo de roupa, que ela seja larga e confortável e que se evite cobrir o corpo. Como a temperatura do corpo tende a baixar durante o relaxamento, um cobertor bem leve é permitido em certos casos.

Preparação

Um dos maiores obstáculos para quem deseja praticar yoga nidra é dor, cãibras e tensão geral de todo o corpo.

Uma série de alternativas pode ser usada em casa, dependendo do tempo disponível. Por exemplo, um exercício preliminar de *asanas* durante vinte minutos seria ideal. Uma seqüência típica se iniciaria com *pawanmuktsana* (exercícios para liberar humores do corpo) e, partindo de *shavasana* (corpo morto), passar rapidamente por *sarvangasana* (apoio nos ombros), *halasana* (arado), *matsvasana* (peixe), *paschimottasana* (inclinação para a frente), *bhujangasana* (serpente), *shalabhasana* (gafanhoto), *ardha matsyendrasana* (torsão da coluna), até chegar a *bhumi pada mastakasana* (meio apoio sobre a cabeça) ou *sirshasana* (apoio sobre a cabeça). Uma seleção dessas asanas também é útil, terminando outra vez com *shavasana*. Estas posturas estão todas descritas em *"Asana, Pranayama, Mudra, Bandha"*, mas primeiro aconselhe-se com um instrutor de yoga.

Se você só tem dez minutos, *surya namaskar* (saudação ao sol) é um exercício excelente para distender as juntas e músculos do corpo e para massagear os órgãos internos. É especialmente indicado na parte da manhã depois do banho. Deve-se praticar cinco a dez vezes. Se você não tem tempo disponível nem para isso, pode praticar *naukasana* (barco) que consiste em levantar cabeça e pés ao mesmo tempo, quando se está em *shavasana*, e fechar firmemente as mãos, retesando todos os músculos do corpo. Mantém-se a tensão por alguns segundos e então relaxa-se completamente. Se você fizer isso três a cinco vezes, intercalando com períodos de relaxamento, sua capacidade de relaxar será muito aumentada.

A necessidade de um professor qualificado

Aconselha-se aos iniciantes de yoga nidra que comecem com um professor qualificado. Os estudantes devem ter como objetivo principal uma compreensão suficiente da técnica, de modo que possam lembrar-se das instruções sem esforço consciente. A melhor maneira de alcançar isso é assistir regularmente às aulas e praticar em casa sozinho. No estado de profundo relaxamento que se produz durante os exercícios, apreendem-se rapidamente o conteúdo, a seqüência das instruções e o tom de voz em que são ministrados, uma vez que todas as informações vão diretamente ao subconsciente e portanto são absorvidas e compreendidas sem interferência do intelecto. Mesmo porque uma compreensão puramente intelectual das práticas pode ser até contraproducente e não adiciona nada ao aprendizado.

O professor sabe qual o tipo de exercício necessário a cada aluno e pode variar de acordo com as circunstâncias. Isso se aplica a aulas individuais ou de grupo. Se a maioria num determinado grupo demonstra um alto estado de tensão, a técnica será dar ênfase ao relaxamento. Se todos relaxam com facilidade, então o progresso será mais rápido até a meditação.

É comum as pessoas adormecerem durante a prática de yoga nidra como em qualquer outro tipo de meditação. Cientistas chegaram recentemente à conclusão ("Science", 23 de janeiro, 1976) que os professores de uma determinada escola de meditação — mantra, muito explorada no Ocidente —, passam adormecidos de 10% a 50% do tempo de meditação. Quando se está meditando a sós, é comum cair no sono sem que se perceba. Num grupo, o instrutor pode ajudar o estudante a manter-se desperto, simplesmente dizendo de quando em vez: "não durmam por favor". Por outro lado, pessoas que sofrem de insônia perceberão que o sono durante a prática de yoga nidra é revigorante pois foi induzido por um profundo estado de relaxamento. Se você adormecer é porque seu corpo está claramente precisando de sono, mas se se mantiver desperto, você pode desenvolver sua prática de meditação.

Se não for possível arranjar um bom instrutor, existe a alternativa de arranjar as fitas gravadas (cassetes) ao vivo durante uma aula e guiar-se por elas. Se esse subterfúgio também falhar, ainda há a saída de você mesmo gravar as instruções e, por ensaio e erro, chegar a uma aula razoavelmente apresentável. Se não existir equipamento de gravação a seu alcance, peça então a alguém de sua família que leia em voz alta as instruções e verá que também assim pode fazer progressos.

Ritmo

As instruções devem ser ministradas num ritmo que mantenha a mente ocupada mas que, ao mesmo tempo, lhe dê o tempo necessário para segui-las. O ritmo dependerá do tipo de yoga nidra praticado ou de que parte dele está sendo praticada. Também o estado de espírito do praticante é fundamental. Naturalmente os iniciantes precisarão de instruções mais pausadas que aqueles já familiarizados com a técnica. Habitualmente, o "rodízio de conscientização e visualização de imagens" é feito num ritmo mais rápido que o resto da prática. A conscientização da respiração pode envolver pausas longas, de cinco minutos ou mais. O primeiro "rodízio de conscientização" tem de ser feito tão depressa que não dê tempo à mente de se distrair com as atividades do dia que passou. À medida que o relaxamento vai-se desenvolvendo, o rodízio se torna gradativamente mais lento. Geralmente as pausas se tornam cada vez maiores à medida que as práticas se adiantam.

Fez-se uma tentativa para determinar a extensão das pausas (períodos de silêncio entre instruções) com a seguinte sucessão de pontuação, da mais breve para a mais longa: vírgula; ponto e vírgula; reticências; ponto final; novo parágrafo; "pausa" grafado em negrito; "pausa longa", também em negrito. Como orientação geral, cada intervalo desses é praticamente o dobro do anterior e o ponto final equivale a duas vezes a pausa que se faz lendo normalmente. Não se esqueça de que parágrafos são usados para separar assuntos diferentes e não para indicar um lapso mais longo de tempo.

Exercício das práticas

Normalmente as práticas variam de acordo com o tempo disponível e a capacidade dos participantes. É melhor subtrair ou adicionar partes inteiras da aula do que aumentar ou diminuir o ritmo das instruções quando já se atingiu o ritmo ideal. Os exercícios que se seguem foram equacionados para facilitar esse sistema e, além disso, provêem de uma série gradativa de exercícios para cada parte ou estágio da aula. Os cabeçalhos em tipo maior foram incluídos para descrever estágios de aprendizado e não interrupções ou pausas longas. A pausa adequada é sempre indicada pela última instrução do capítulo anterior. Um esquema completo para yoga nidra está exposto no apêndice A. O apêndice B contém uma lista de exercícios que se podem alternar com os das práticas 1 a 5.

Aviso

Um estado de relaxamento profundo e de meditação pode ser induzido por alguns dos exercícios mais avançados que expomos nesse livro. É de extrema importância que as pessoas saiam desse estado lentamente e nunca de maneira abrupta: uma indicação de que o final foi muito brusco é a queixa de dores de cabeça. A mente está temporariamente chocada pela passagem rápida demais de um estado para outro. Muitas pessoas podem assustar-se também com a profundidade do relaxamento em que estavam, se forem despertas de repente. Em qualquer um dos dois casos a pessoa deve deitar-se outra vez em *shavasana* e praticar conscientização da respiração até que se acalme suficientemente.

É preciso cuidado também com a seleção das imagens para visualização. Elas são muitas vezes símbolos poderosos e podem produzir reações negativas em pessoas que as associam com experiências desagradáveis ou fobias (medo irracional). Devem-se evitar com cuidado especial imagens que provocam medo de quedas, de água profunda, de incêndios fatais ou medo de objetos caindo ou pendurados que possam ferir ou simplesmente atingir a pessoa. Quando imagens assim são sugeridas, é aconselhável que afirmações de segurança e de autoconfiança também sejam mencionadas em meio a elas. Embora um dos principais objetivos de yoga nidra seja dilatar a consciência de cada um para o conteúdo da própria mente, isto deve ser feito gradualmente e sem traumatismo inútil.

Como última recomendação, é especialmente importante que o instrutor evite emitir qualquer julgamento negativo, direta ou indiretamente, sobre os valores ou experiências do aluno. Se, por exemplo, uma pessoa vê "trevas acolhedoras e agradáveis" em *chidakash*, enquanto outra vê "guirlandas de flores de lótus", ambas as experiências são válidas. Do mesmo modo, é óbvio que nenhum instrutor de yoga dirá coisas do tipo "não se preocupe se não conseguir visualizar isso". Será o caminho mais certo para iniciar um estado de preocupação e aflição para o iniciante.

Toda e qualquer discussão ou conversa inútil sobre as experiências de cada um deve ser desencorajada.

COMO SUPERAR
O STRESS
Hannes Lindeman
Formato: 13 x 21
186 páginas
Círculo do Livro
Tel.: (011) 851-3644
São Paulo
1988
(Ver pág. 132)

Relaxamento e TA
Exercícios básicos do Treinamento Autógeno

HANNES LINDEMAN/SCHULTZ

Johannes Schultz

O criador do TA foi o dr. Schultz, professor e doutor *honoris causa*, falecido em 1970, aos oitenta e seis anos, após uma longa vida criativa. Seu pai foi professor de teologia em Gottingen. Schultz fez repetidas referências ao fato de o pai ter se esforçado em praticar a medicina da alma, enquanto ele, o filho, se dedicara a ela sem esforço. Não é tão por acaso assim que aqui encontramos uma tendência moderna: o homem pobre em relacionamentos e destituído de vínculos foge dos pastores de almas e busca os psicoterapeutas.

Como Schultz relata em seu livro *Lebensbilderbuch eines Nervenarztes*[1], seus companheiros de juventude implicavam muito com ele por causa de sua fragilidade. Do mesmo destino compartilharam Freud, Kant e Goethe. E todos eles nos demonstraram como se pode atingir uma idade avançada graças a uma autodisciplina exemplar, apesar da fraca constituição.

Após seus anos de estudos em Lausanne, Gottingen e Breslau, Schultz também trabalhou por um período curto, antes da guerra, no Instituto Paul Ehrlich, de Frankfurt. Durante um curso de demonstração sobre psicoterapia — nesse caso, o assunto era a hipnose —, ele colocou uma moeda em cima

---

[1] Livro de imagens da vida de um neurologista. (N. do E.)

da mão de um operário sugestionável, de dezenove anos, sugerindo-lhe que ela estava quente e que lhe causaria uma queimadura, sem que sentisse dor. Contudo, ao retirar a moeda, não se via marca vermelha, ou sequer uma bolha. O operário voltou após catorze dias, contando uma estranha ocorrência: a cada manhã ele se deparava com uma bolha indolor na mão, que desaparecia nas horas seguintes. Schultz logo se deu conta de que não havia anulado a sugestão após a primeira consulta. Reparou o engano, e daí por diante não surgiram outras bolhas.

Após sua formação como dermatologista, Schultz tornou-se neurologista. Seu primeiro livro foi escrito durante a guerra: *Die seelische Krankenbebandlung*[2]. Devido a esse trabalho, a Universidade de Jena concedeu-lhe mais tarde o título de "professor extraordinário". Temporariamente, trabalhou como médico-chefe no famoso sanatório Weisser Hirsch, nas proximidades de Dresden, antes de se instalar como neurologista em Berlim, em 1924. Mais de quatrocentas publicações e inúmeros livros temáticos dão testemunho de sua força criativa.

Seus trabalhos deram valioso impulso sobretudo à psicoterapia.

Seu trabalho de pesquisa mais importante é, sem dúvida, o desenvolvimento do método do TA, inseparavelmente ligado ao seu nome.

As origens do TA

Antes de 1910 Schultz já trabalhava em seu concorrido ambulatório de hipnose. Foi ali que despertou sua inclinação — que prosseguirá até a morte — para uma determinada área hoje conhecida pelo nome popular de medicina psicossomática. Com seu trabalho intitulado *Schichtenbildung im hypnotischen Seelenben*[3], publicado em 1920, já se podia delinear o conceito básico do TA. As pessoas que lhe serviam de cobaia vivenciavam dois condicionamentos com certa regularidade durante a hipnose: uma espécie de "peso", principalmente nas extremidades, e um certo tipo de "calor".

No âmago da hipnose encontra-se o "desligamento central", que pode ser acionado tanto psíquica quanto fisicamente. Já estava bem claro desde então

---

[2] O tratamento espiritual das doenças. (N. do E.)

[3] Formação de camadas na vida hipnótica da alma. (N. do E.)

que a hipnose significa levar o paciente a uma comutação auto-hipnótica. Ao fazê-lo, deve-ser prestar atenção para que ele não adormeça totalmente.

Então ligava-se o comutador com a sensação de peso e de calor. Schultz fala da "comutação organísmica do corpo e da alma", que também acontece, por exemplo, quando se toma um banho prolongado e tranqüilizante.

Como dizia Schultz, tudo depende de os pacientes acionarem esse comutador por si mesmos. Ele sabia que isso era possível pelas pesquisas de Oskar Vogt, um explorador do cérebro, que lhe relatara casos de pessoas que haviam servido de cobaia e que podiam "colocar-se sob efeito hipnótico através de uma completa comutação". Os pacientes deveriam, então, sentir em si mesmos a sensação de peso e de calor, em postura descontraída.

Em parte com o apoio de seus alunos e seguidores, Schultz desenvolveu o TA a tal ponto, no decorrer dos anos que se seguiram, que em 1923 ele pôde ousar a divulgação de sua monografia *Das Autogene Training, konzentrative Selbstenspannung*. A essa primeira edição seguiram-se, entretanto, inúmeras outras, assim como traduções.

Em seu prefácio à sétima edição, de 1951, Schultz já mencionava que muitos fundadores de modismo, alegres e incompetentes, utilizavam o treinamento autógeno para descontrair a si mesmos e aos outros. Contudo, este é um sinal de como, então, já eram necessários os exercícios de descontração. E são muito mais necessários atualmente. Estamos falando de uma questão de moda e não damos atenção à força do anseio e da procura intuitiva de um método contra as tensões do dia-a-dia. Determinada tendência da moda só terá sucesso quando for aceita, quando abrir um espaço, quando se tornar necessária. E o TA difundiu-se, adquiriu no mundo inteiro amigos que já não podem prescindir dele.

Quando devemos nos exercitar?

Schultz sempre chamou a atenção para o fato de que "só um avanço metódico pode manter todo o proveito daquilo que se adquire dentro das fronteiras possíveis". Em outras palavras: o principiante faz bem em manter-se tão próximo quanto possível das indicações de quem dirige o curso. Uma certa abertura na manipulação certamente pode ser justificada em casos excepcionais, contudo para a maioria dos que empreendem este exercício é preferível que, a princípio, atuem de modo sistemático.

Cada um descobrirá por si só qual é o momento mais propício. Geralmente, o último exercício deve coincidir com o momento que antecede imediatamente o sono. Isso encerra muitas vantagens, como veremos a seguir. O treinamento à noite é uma necessidade absoluta.

Começar o dia com a orientação do TA também já se tornou para muitos uma espécie de higiene da alma. Quem acredita "que não tem tempo", que não dispõe sequer desses cinco minutos, está se enganando. Essa é a desculpa mais esfarrapada que se poderia inventar. Talvez já seja um sinal de demasiada tensão. É justamente pela manhã que se pode afirmar que não se será levado por idéias falsas. Exercitar-se pela manhã significa mantê-las à distância, significa vencer.

Vários integrantes de cursos relataram que voltaram a adormecer durante o treinamento matinal. Aconselharam-nos a pronunciar a seguinte formulação de propósito durante o exercício:

Permanecerei totalmente livre e bem-disposto durante o exercício.

Esta frase também deve ser pronunciada quando se está praticando à tarde no escritório, no local de trabalho, ou em qualquer lugar em que não se queira adormecer. O treinamento à tarde destina-se aos entendidos e aos que são capazes de executá-lo. Quando bem realizado, economiza uma xícara de café, pois sentimo-nos novamente revigorados após o exercício. Desse modo, podemos superar determinadamente o cansaço que sentimos após as refeições.

Quando não houver à sua disposição um lugar adequado, e você tiver de treinar na presença dos colegas, talvez se sinta constrangido. Várias vezes pediram o meu conselho para esses casos. Certa vez, chegamos a um acordo: quem desejasse praticar deveria dizer aos demais presentes na sala: "Ouçam: o meu médico recomendou que eu fizesse uma ginástica interior durante a hora do almoço; trata-se de um treinamento autógeno, para que os meus problemas (mesmo em se tratando apenas de varizes) diminuam. Continuem conversando, mas não se dirijam a mim nos próximos cinco minutos".

Em outra ocasião, um praticante teve de dizer à colega fumante com que compartilhava a sala: "Para mim o TA tem o mesmo efeito que o cigarro para você. Você fuma dez cigarros no decorrer da manhã, e eu só faço o meu exercício uma vez. Então, deixe-me em paz pelo menos durante este momento, para que eu possa concentrar-me totalmente no treinamento".

Certamente poderemos encontrar outras explicações, contudo, nestes dois casos tratou-se de apoiar um sentimento de ego pouco desenvolvido.

Quanto mais regularidade se tiver nos exercícios, tanto mais facilmente eles farão efeito.

Dez minutos diários

No começo do curso, precisaremos de mais ou menos um minuto para o primeiro exercício. Ao final da aprendizagem, já serão necessários cerca de cinco minutos para cada um. Quando se tiver de acrescentar ainda as formulações de propósitos, um exercício pode durar até dez minutos. Todavia, esses dez minutos são um bom investimento para uma vida saudável!

Durante a aprendizagem do TA nos exercitamos, via de regra, três vezes por dia. Logo que estivermos satisfeitos com o resultado do exercício, passaremos automaticamente para um período de manutenção. A dose mínima será praticarmos uma vez por dia.

Quando possível, devemos nos exercitar num quarto levemente escurecido e não muito quente. Devemos fechar as janelas para afastar tudo o que possa desviar nossa atenção, assim como o barulho e os golpes de ar.

De barriga cheia não se deve fazer exercícios — essa regra também é válida para as pessoas que fazem o treinamento autógeno. Em geral, a concentração é mais difícil, mesmo quando se acabou de tomar um café. E o sucesso perdura ou diminui de acordo com a capacidade de concentração de cada um.

Nesses casos, às vezes, é possível uma auto-ajuda, se imaginarmos que acabamos de chegar de um longo passeio, sentindo um cansaço agradável. Através dessa imagem, o exercício torna-se mais fácil.

Há muitas causas individuais que explicam a incapacidade de reunirmos os pensamentos. Alguns integrantes dos cursos dizem que têm mais dificuldade para se concentrar no treinamento à noite, quando tomaram vinho. Outros fazem observações semelhantes após tomar chá, comer queijo ou algum outro petisco. Os que consomem drogas relatam que o haxixe dificulta a concentração, e, ao contrário, um copo de cerveja facilita o exercício. Nem todos os dias poderemos nos exercitar com o mesmo sucesso. Mesmo assim, pode-se dizer que, quanto mais experiente for o praticante, tanto menos será perturbado por momentos de distração, externos ou internos. Como diz o ditado árabe: "Os cães ladram e a caravana passa".

O cocheiro de carruagem como modelo

É evidente que um exercício de descontração deve ser feito numa posição relaxada. A maior parte das vezes, durante o curso pratica-se o exercício na posição do "cocheiro de carruagem". Uma vez sentados, devemos erguer o corpo e esticar a espinha, para depois nos soltarmos, como se fôssemos um saco vazio. Mas a barriga não deve ser comprimida; portanto, não devemos inclinar-nos muito para a frente. A cabeça deve pender, solta, para a frente — em alguns mais, em outros menos.

As mãos repousam descontraídas sobre a coxa, sem se mexer; o movimento delas poderia denotar inquietude; as mãos desviam a atenção. Os cotovelos ficam levemente dobrados, as pernas, um pouco fechadas. A parte logo abaixo do joelho deve formar um ângulo de 90 graus com as coxas, que se erguem, portanto, paralelas ao chão.

As pálpebras permanecem fechadas. Entre três mil participantes dos cursos, só encontrei um único até hoje que preferiu treinar com os olhos semicerrados. A língua fica relaxada e pesada, o queixo fica solto sem que, por isso, a boca se abra.

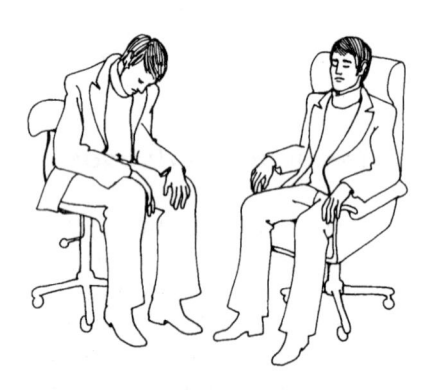

Esta posição de cocheiro, ou posição "sentada ativa" pode ser adotada em qualquer lugar, até em lugares pequenos e sossegados, como me asseguraram alguns alunos que queriam tranqüilizar-se mais uma vez antes de uma aula, formulando uma frase imbuída de um propósito que lhes fosse necessário.

Adotando uma posição sentada passiva, ao contrário, encostamo-nos no espaldar da cadeira. Em casa, podemos fazê-lo na cadeira ou na poltrona. Se possível, devemos apoiar a cabeça de leve no encosto; os braços repousam descontraídos nos braços da cadeira. Caso seja inviável, devemos colocar-nos na posição de cocheiro. Não se deve cruzar as pernas, pois essa posição perturba.

A maioria das pessoas prefere treinar deitada. Neste caso o mais comum é deitar-se confortavelmente de costas, com a cabeça um pouco levantada. Os cotovelos são também levemente dobrados, enquanto as mãos repousam ao lado das coxas. Quem sentir uma contração ou algum outro sintoma desagradável, pode colocar uma almofada embaixo dos ombros. Quando os pés estão relaxados, apontam um pouco para fora. Se ainda estiverem erguidos, com a ponta para cima, isso denota que ainda resta alguma tensão. Quem tiver lordose precisará colocar dois cobertores embaixo dos joelhos para poder se deitar descontraída e desempedidamente. Nem todos acham fácil exercitar-se nessa posição.

Em quase todos os cursos, surge a pergunta: podemos treinar na posição habitual em que dormimos? Quem tiver lordose, por exemplo, ou um problema cardíaco muitas vezes preferirá dormir deitado sobre o lado direito. Naturalmente, também se pode treinar nessa posição. O TA é praticado com sucesso até por pessoas que dormem de bruços. Entretanto a meta é alcançada mais lentamente quando se muda com freqüência de posição durante o treinamento. São justamente os principiantes que devem se colocar sempre na mesma posição, para obter resultados mais rapidamente.

O resultado da descontração

O equilíbrio bem-sucedido entre contração e descontração também decidirá se nos sentiremos bem ou não. A pessoa fisicamente tensa também o será animicamente; em geral, seu relacionamento com o meio também reflete essa enorme tensão.

Sempre houve tensões na vida das pessoas, elas fazem parte do cotidiano. Contudo, hoje parece mais difícil descontrair-se do que no passado, quando a vida ainda transcorria tranqüila. Além disso, parece que atualmente não agüentamos nem potencializamos as tensões tão bem como antes.

Não há vida sem tensão. Entretanto, o homem anseia pelo que denomina de paraíso, céu ou felicidade; em casos de emergência, ou melhor, em momentos de necessidade ele está disposto a encurtar o caminho que o conduz ao bem-estar, seja através de drogas ou até mesmo causando males a terceiros.

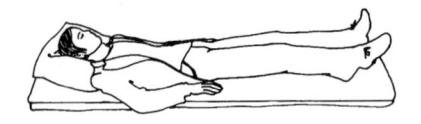

Cada pessoa reage de modo diferente às circunstâncias tensas. Cada doença, no entanto, resulta num aumento de tensão, que se manifesta de modo físico, psíquico ou social. Todos conhecemos pessoas nervosas, permanentemente tensas, cuja constante irritação ataca os nossos nervos.

Um grande número de pessoas usa uma "máscara", isto é, elas podem estar animicamente tensas. Em geral, podemos perceber que contraem os músculos. Wilhelm Reich deduziu que cada "máscara" adotada leva a contrações rígidas de determinados músculos, a verdadeiras "couraças musculares". Todavia, podem-se afrouxar essas contrações através de uma massagem dirigida e de exercícios próprios para a descontração, o que modifica um pouco essa "máscara". Tais conexões entre a psique e o corpo, já há muito conhecidas, foram sintetizadas numa fórmula curta pelo americano Julius Fast: "O corpo dá o recado". É ele que expõe e exprime o que ocorre no íntimo do nosso ser.

Apesar de o processo usado pelas pessoas para se descontrair ser totalmente normal, com freqüência não se resolve a tensão. Fazendo-se uma comparação com uma imagem conhecida no esporte, o homem moderno está continuamente no arranque, sem jamais chegar ao salto. O jornalista e médico J. D. Ratkliff já desconfiava, há cerca de dez anos, que a sobrecarga emocional leva mais pessoas à morte do que qualquer outro perigo ou ameaça à sua vida. Poder-se-ia dizer também que a falta de relaxamento causa a morte.

Os exercícios que implicam movimentos — pacatas caminhadas, a dança ou a ginástica rítmica — conduzem à descontração de modo mais natural. Pode-se chegar da mesma forma a ela por intermédio de pausas imbuídas de um sentido, e de mudanças no tipo de atividade — como intercalar o trabalho com algum tipo de lazer preferido. O método de descontração do TA, a "autodistensão concentrada", foi elaborado justamente na medida do homem moderno, que está continuamente tenso na luta contra o tempo. Ele deveria usá-lo para o próprio bem e exercitar-se continuamente. Neste sentido, a distensão é uma realização. Exercitar-se, portanto, requer caráter e capacidade de perseverança. Além disso, o exercício contribui para o amadurecimento da personalidade.

Voltando a atenção para o próprio corpo, quem se exercita não só descobre que possui um corpo, mas também que é esse corpo. De acordo com Schultz, a pessoa que está tentando o método deve "integrar-se de forma passiva na vivência do seu corpo". Em imaginação, o homem se posiciona no órgão que deve ser influenciado. Isso nada tem a ver com a vontade; neste caso, ela só causa distúrbios. As auto-sugestões devem ocorrer sem esforço da vontade. Quem vai de encontro a esse importante fundamento pode fazer com que apareçam efeitos paradoxais. Pensemos no sono. Quem deseja insistentemente adormecer e quer forçar o sono a qualquer custo, dificulta-o ou o torna totalmente impossível.

É difícil para alguns ouvintes diferenciar a concentração — o recolhimento interior com fixação em determinadas "imagens interiorizadas" — das tensões ativas que acompanham a vontade. A dedicação total ao conteúdo das fórmulas de treinamento também é, de certa forma, uma tarefa pessoal, um esquecer-se. É o que garante o sucesso dos exercícios. O neurologista G. R. Heyer formulou uma das frases mais citadas do TA: "Quem aprendeu a se soltar no TA ficará 'solto' " (isto é, atingirá uma descontração natural).

Por que "neutralizar"?

Pensamentos, imaginações e, ainda em maior escala, propósitos, como já sabemos, tendem a se realizar. Quando, de acordo com uma fórmula de treinamento, imaginamos que "o braço direito está muito pesado", surgem então transformações nesse braço, cujos sintomas, não de todo desagradáveis, são eliminados através de uma neutralização. Também nesses casos devemos nos orientar exatamente segundo as indicações de Schultz. Mesmo se não sentirmos absolutamente nada, dar-se-á a neutralização, de qualquer maneira.

As fórmulas para "neutralizar" são as seguintes: "braços firmes", ou também "os braços se estiram e dobram", "respirar fundo" e "abrir os olhos".

Primeiro, deve-se dobrar e esticar os braços com energia.

Parece que também basta contrair e descontrair os músculos dos braços de forma espontânea, várias vezes. Tanto quanto pude observar, o efeito aparentemente é o mesmo daquele que se obtém esticando e dobrando o braço. A neutralização não funciona tão bem quando, primeiro, se abrem os olhos para depois se contraírem os músculos do braço, respirando fundo: pode haver uma sensação de peso, como também uma comichão e um certo estiramento prolongados. Os participantes dos cursos relatavam individualmente que a sensação de peso durou várias horas, até dias. Ao se pesquisar o motivo, comprovou-se que não houve uma neutralização correta. Por certo, haverá neutralização, e ela depende da decisão, do impulso e da consciência com que é empreendida.

Se adormecemos durante os exercícios, não é preciso fazer a neutralização. Sempre há alguns participantes dos cursos que, por alguma razão, não se dão conta disso, e que acordam no meio da noite por esse motivo: "Esqueci-me de neutralizar!"

Em casa ocorre o mesmo quando somos subitamente perturbados, durante os exercícios, pela campainha ou pelo telefone. Sente-se um pequeno choque, o que faz com que a neutralização se torne irrelevante. Contudo, não é preciso conduzir uma visita imprevista, que surgiu no meio do treinamento, a outra sala, deixando-a esperar sozinha por um momento, com a desculpa de que vai dar uma olhada na cozinha para ver se não há nada queimando, para na realidade poder efetuar rapidamente a neutralização. Ela não é tão urgente mesmo.

O exercício de induzir a sensação de peso

O pré-requisito para este exercício é estar sentado ou deitado, completamente descontraído.

A primeira fórmula do treinamento diz o seguinte:

"O braço direito está muito pesado".

Os canhotos farão referência ao braço esquerdo, por manterem um melhor relacionamento com ele; portanto, a fórmula será: "O braço esquerdo está muito pesado".

Pensa-se nessa fórmula de modo muito intenso. Ela não é pronunciada. Até agora só uma pessoa em todos os cursos me disse que pronunciava a fórmula baixinho. Mas, ao final do curso, ela também achou que isso atrapalhava, e deixou de fazê-lo.

É evidente que tentamos nos concentrar, ou seja, vamos pouco a pouco nos inserindo na fórmula do exercício em questão, com todo o seu potencial de recolhimento.

Mesmo assim, por vezes não é possível evitar que nos venham à mente ocorrências, idéias, inspirações ou recordações. Nesse caso, não devemos ficar impacientes, e sim conduzir nossos pensamentos mais uma vez, sem grandes esforços, à fórmula de treinamento que temos à frente. Quando nos distanciamos muito, é aconselhável recomeçar o exercício. E, às vezes, também não teremos êxito numa segunda tentativa. Nesse caso, é melhor "adiar" o exercício por algumas horas.

Devemos repetir em pensamento a fórmula do peso, umas seis vezes, e então acrescentar a frase: "Estou completamente tranqüilo" e voltar a repetir umas seis vezes a primeira frase: "O braço direito está muito pesado".

O tempo exigido para imaginar esse peso varia muito de pessoa para pessoa. Como referência, podemos dizer que muitos participantes precisam de cerca de quinze segundos para imaginar seis vezes a fórmula do peso. Durante a primeira semana, precisarão de cerca de dezoito segundos, o que, junto com a segunda fórmula, "Estou completamente tranqüilo", totaliza aproximadamente um minuto. Mas assim que deixarmos de nos sentir bem no decorrer do exercício, devemos terminá-lo com a neutralização.

Quando os pensamentos ameaçam dispersar-se, podemos repetir a fórmula mais depressa. Repeti-la é um recurso.

Um grande número de participantes já tem a sensação de peso na primeira sessão; alguns experimentam até a sensação de calor. Contudo, os outros precisam, de fato, de mais alguns dias, até duas semanas, para terem a sensação de peso. Para alguns poucos, ainda, a demora é de três ou quatro semanas, até mencionarem, aliviados, que tiveram sucesso.

É muito raro que a presença da sensação de peso demore mais do que esse prazo. Para apressar tal sensação, pode-se imaginar que se está carregando uma pasta cheia de livros. Isso já ajudou muita gente.

Poderíamos empreender a concentração em ambos os braços logo de início, por algum motivo qualquer. Isso, entretanto, dificulta a fixação dos pensamentos do principiante numa determinada parte do corpo, o que é muito importante no início do curso.

O exercício de induzir a sensação de calor

Em geral, começa-se com a tentativa de induzir a sensação de calor após duas semanas, e é indiferente se já se conseguiu a sensação de peso ou não. Na maioria das vezes, não se pode cumprir o prazo de duas semanas imposto pelas escolas. Em geral, um curso normal é dado em sete ou oito sessões de duas horas, durante dez semanas. Como Bonn é decididamente uma cidade habitada por funcionários públicos, em cada curso há vários participantes que não podem estar presentes todas as noites, por motivos profissionais. Nesses casos, ou em casos semelhantes, recomendo fazer um exercício até o fim de cada semana, deixando, entretanto, basicamente de lado o exercício para o coração. Ao surgir qualquer complicação ou no caso de efeitos colaterais indefiníveis, deve-se fazer imediatamente uma neutralização.

O exercício de calor visa a uma descontração dos vasos sanguíneos; quando o calor surge no braço direito (ou esquerdo), isso significa que os vasos sanguíneos se descontraíram. A sensação de peso significa descontração muscular.

A nova fórmula será:
"O braço direito (ou o esquerdo) está muito morno", de modo que o exercício até agora consta do seguinte:
"Estou completamente tranqüilo" (1 vez);
"O braço direito está muito pesado" (6 vezes);
"Estou completamente tranqüilo" (1 vez);
"O braço direito está muito morno" (6 vezes).
Neutralização: "Braços firmes, respirar fundo, abrir os olhos".

Não é raro que a sensação de calor ocorra mais depressa do que a de peso. Quando não houver sensação de calor mesmo após duas semanas de exercícios, às vezes é aconselhável banhar o braço ou a mão em água morna, um pouco antes do treinamento. Então, a lembrança do calor ajuda a sua concretização. De modo algum deve-se modificar a fórmula para: "O braço direito está muito quente".

O que acontece com o braço?

O aparecimento da sensação de peso no braço demonstra que a sua musculatura está descontraída. Quando nos exercitamos regularmente, a sensação de peso ocorre depressa e é bem nítida, até que por fim só pensamos no peso, pois é possível senti-lo de imediato.

A sensação de calor origina-se da descontração das paredes dos vasos sanguíneos. Em caso contrário demonstra-se, pelo frio, que a circulação do sangue nessa área do corpo está bloqueada. Já se comprovou que com a sensação de peso e de calor ocorrem, de fato, transformações físicas. Portanto, não se trata de fantasia ou de engano. Se colocarmos os dois braços numa balança, poderemos constatar um aumento de peso por causa de um fluxo maior de sangue.

Ocorre também uma elevação de temperatura no braço, como sinal da descontração do fluxo sanguíneo. Pode-se comprovar, com um termômetro especial, que esses aumentos de temperatura implicam mais dois graus, e até mais ainda, na mão, principalmente, como é natural, quando a temperatura externa é baixa.

Vários dos praticantes autógenos se valem desses fenômenos, ao prescindirem de luvas durante o inverno, ou de chapéus, concentrando calor nas orelhas desprotegidas durante os passeios; ou então, ao esquentarem os pés úmidos ou frios, prescindindo até do casaco no inverno, utilizando-se de sua "calefação interior". Entretanto, cada qual deveria conhecer o seu próprio limite, e não querer ultrapassá-lo temerariamente.

O sistema nervoso vegetativo, como emissário dos impulsos entre o corpo e a alma, está tão intercalado com os tendões musculares que a condição de tensão de um feixe de músculos se conecta automaticamente com os que lhe são vizinhos. Portanto, se os músculos de um braço se descontraem, acontece de modo automático e até obrigatório uma influência conjunta partindo de outros feixes de músculos.

Por outro lado, sabemos que as disposições depressivas se refletem do mesmo modo no corpo, assim como as disposições otimistas. As fórmulas de treinamento não poderiam acarretar nenhum efeito sem essas manifestações. Portanto, é totalmente acertado quando se fala de um psiquismo muscular, pois entre a personalidade e a conduta muscular de uma pessoa existem ligações estabelecidas pela natureza. É evidente, porém, que sempre se soube disso.

Generalização

As sensações de peso e de calor ocorrem primeiro ao braço "mais utilizado", mas logo se fazem notar também no outro braço; o mesmo ocorre nas pernas, assim como em todo o corpo. Schultz denomina esse desenvolvimento expansivo de "generalização". Essa tendência à generalização havia sido descrita anteriormente como "transferência", um fenômeno psicofisiológico que contribui para o sucesso do nosso treinamento.

Dentre os que não sentem o peso primeiramente no braço "mais usado", oitenta por cento o sentem primeiro no outro braço e os demais o sentem de um só lado do corpo, ou então, de forma alternada e difusa pelo corpo inteiro.

Quanto mais experientes nos tornamos, mais imbuídos de reflexos nos parecerão esse peso e esse calor. Vários participantes, principalmente crianças e jovens, contam que a sensação de peso e de calor já surge quando eles estão prestes a se deitarem para o treinamento.

Pode acontecer, porém, que a sensação de peso não surja sempre primeiramente no braço imaginado. Isso tem menos a ver com as generalizações, e está muito mais ligado a fatores cuja compreensão às vezes não é fácil, como, por exemplo, uma postura inconsciente de contradição. Um jogador de futebol profissional percebeu quando essa sensação surgiu primeiro na perna direita. A esse respeito, houve um comentário em um de nossos cursos mais descontraídos: alguns a têm na cabeça, outros, na perna, outros, ainda, nos braços, e outros...

Ao final do curso, o orientador avaliará o êxito dos participantes, e, de acordo com a generalização, modificará as fórmulas de treinamento de "braços muito pesados" para "braços muito mornos". E, mais tarde, os praticantes poderão dizer: "Tranqüilidade, peso, calor". Os ouvintes argumentam, com toda a razão, que quando se sente o peso e o calor em ambos os braços já se pode escolher a fórmula: "Os braços estão muito pesados". Em princípio isso é correto, e talvez seja até positivo em algum caso específico. Mas no decorrer dos muitos anos desde que Schultz dá os cursos em Berlim, comprovou-se que isso leva os participantes a uma cisão, fazendo com que se concentrem primeiro num braço e depois no outro. Por isso, é mais fácil dirigir-se apenas a um braço, isto é, ao "mais usado".

Treinamento: a formulação de propósitos

Em vez da fórmula "estou

muito tranqüilo", a fórmula "estou perfeitamente tranqüilo" impõe-se cada vez mais. Esta última é mais eficaz; podemos nos apoiar melhor nela. Acho que foi a dra. G. Eberlein, de Leverkusen, a primeira a usar a expressão "perfeitamente". Num de meus cursos, permiti que os participantes escolhessem entre as expressões "muito" ou "perfeitamente" tranqüilo.

Compreendemos por propósitos formais estas frases autosugestivas de que nos imbuímos ao mergulhar no TA. As fórmulas de exercícios que mencionamos também fazem parte dos propósitos formais. Isso é válido principalmente no que concerne à formulação do exercício "Estou perfeitamente tranqüilo". Agora que sabemos como a generalização acontece, vislumbramos que essa frase tem a tendência de transformar-se em ação, de realizar-se. De fato, quase todos os participantes confessam que se sentem mais tranqüilos.

Para nós, a frase: "Estou perfeitamente tranqüilo" é a formulação de propósito mais usada.

Faz-nos bem imaginá-la com todo o ardor. Não são muitas as pessoas a quem um pouco mais de tranqüilidade não faria bem. A fórmula que apela para a tranqüilidade é capaz de normalizar a pressão sanguínea, diminui as circunstâncias de dor e elimina cólicas e espasmos de algumas moléstias internas, como a asma, as cólicas menstruais, a prisão de ventre, etc. As imagens de peso e de calor estão completamente interligadas, o que é natural.

Schultz queria que a frase: "Estou perfeitamente tranqüilo" fosse compreendida como uma "inserção indicadora de meta". É evidente que ele queria que os participantes pudessem concentrar-se unicamente nessa frase, o que significaria "um retrocesso ao couéismo (autopersuasão). A ordem, portanto, é: a formulação de propósitos só é lançada e vivenciada após o surgimento da generalização e da comutação.

Exercício para o coração

Apenas estes dois exercícios básicos já levam a uma comutação efetiva, cuja conseqüência é a melhora, ou, por vezes, a cura de muitos distúrbios funcionais. A sensação de calor já atinge diretamente o sistema de circulação sanguínea, na medida em que a descontração dos vasos sanguíneos se reflete do braço esquerdo para os vasos do coração e da coronária. E, desse modo, o coração recebe mais sangue e oxigênio, sendo freqüente o término das dores cardíacas.

Como afirmam certos profissionais, e com bastante razão, pode-se dizer, sem agredir o TA ou seu criador, que se confunde a aquietação do coração com os "exercícios de respiração" que o acompanham. Todavia, continuamos com o esquema de Schultz.

Em meus cursos, que são muito heterogêneos, verifico que é no transcorrer dos exercícios para o coração que surgem, com mais freqüência, efeitos colaterais — que, porém, são ainda raros, se vistos como um todo. Na maioria das vezes, são provocados por certas expectativas. Se algum participante do curso que tenha talvez sintomas de um mal cardíaco perde essa aula por uma razão qualquer, em geral eu o desaconselho a praticar esses exercícios sozinho em casa.

A nova fórmula dos exercícios tem o seguinte teor:

"O coração bate de modo muito tranqüilo e forte".

Este exercício é recomendável aos jovens e aos que tenham pressão baixa. Aos demais, aconselha-se dar preferência à frase: "O coração bate de modo muito tranqüilo". Em quase todos os cursos — integrados, via de regra, por uns cem participantes — é preciso procurar uma fórmula para algum integrante, para quem ela determine mais discretamente o ritmo cardíaco do que as duas outras fórmulas já citadas. Como bem ressalta Helmut Binder, o conhecido psicoterapeuta de Bad Driburg, a fórmula: "O coração bate muito tranqüilo" sempre demonstrou ser bastante benéfica. Uma formulação semelhante, que contribui para que se obtenha sucesso, é sugerida pelo neurologista Helmuth Kleinsorge para as pessoas muito sensíveis. "O pulso bate tranqüilo e forte".

Quando algum participante tem uma batida de coração irregular — em geral psicologicamente condicionada —, é recomendável optar pela frase: "O coração bate muito tranqüilo e regular".

Todos os autores avisam, insistentemente, para se tomar muito cuidado ao modificar a fórmula para "O coração bate muito tranqüilo e devagar", pois o coração reage com extraordinária sensibilidade, de modo que isso poderia causar distúrbios.

A sabedoria popular já tem consciência, há muito tempo, de como é sensível a resposta do coração às sensações. As seguintes expressões comprovam esse fato: "O coração bate tanto que parece que vai pular pela boca; parece que vai estourar; a dor quase o dilacerou; o coração parou de susto; a reprimenda atingiu-o no coração; o coração está precisando de ar, ou está sufocado; a tristeza partiu-lhe o coração; o coração bateu mais forte; meu coração estremeceu; ele entregou seu coração; seu coração virou pedra; uma notícia que apertou o coração; esperou com o coração angustiado, etc.".

Como se "descobre" o próprio coração?

Não foi somente após a primeira notável cirurgia de transplante do coração, efetuada por Barnard, na Cidade do Cabo, que soubemos que este é um músculo cuja tarefa é a de bombear sempre. Entretanto, ele está tão intimamente ligado a todas as emoções, através do sistema nervoso vegetativo, que antigamente tinha-se a impressão de que o coração era a sede da nossa consciência, como o mostra a expressão: "Ele não tem coração".

De fato, só a metade dos participantes dos cursos do TA percebe o próprio coração; os outros "sequer sentem que seu coração existe". Isto é, há o grupo que percebe o coração apenas quando faz um esforço físico. Todavia, se nos concentrarmos, se escutarmos nosso interior, sentiremos que o coração também baterá com força quando houver alguma excitação psíquica. Lê-se sempre nos jornais que determinado espectador de um jogo de futebol se identificou tanto com sua equipe que, por exemplo, em determinado momento dramático do jogo, "seu coração estourou" — ele teve um enfarte. Isso de modo nenhum seria possível no caso de um coração sadio.

Quando não se percebe o coração, podem-se utilizar vários truques para torná-lo consciente. É possível "descobrir" o coração sentindo o pulso, e orientando-se a partir daí; ou pode-se amarrar um elástico em um dos dedos de modo a sentir o pulso bater contra ele mesmo; ou, então colocam-se tampões nos ouvidos, percebendo-se, assim, o pulso como um prolongamento de batida do coração. Ao se deitar, pode-se colocar uma almofada debaixo do cotovelo direito, com a mão repousando sobre o coração. A mão serve de guia, e não como membro tátil. Logo que se descobrem as batidas do coração, volta-se a colocar a mão ao longo do corpo. Não raro os que fazem esse exercício relatam que sentiram o pulso no pescoço, na mão ou nas articulações do cotovelo; eles servem, então, como condutores para a percepção do coração. O exercício consiste no seguinte:

"Estou perfeitamente tranqüilo" (1 vez);
"O braço direito está muito pesado" (6 vezes);
"Estou perfeitamente tranqüilo" (1 vez);
"O braço está muito morno" (6 vezes);
"Estou perfeitamente tranqüilo" (1 vez);
"O coração bate tranqüilo e forte" (6 vezes);
"Estou perfeitamente tranqüilo" (1 vez);
Neutralização: "Braços firmes, respiração profunda, abrir os olhos".

Exercício respiratório

Após a segunda ou terceira aula, alguns participantes já relatam que a respiração está cada vez mais tranqüila e regular, acompanhando o sucesso crescente do treinamento.

A nova fórmula tem o seguinte teor:
"Respiração muito tranqüila".

Isso não significa que a respiração deva ser influenciada conscientemente. Muito pelo contrário: deve desenvolver-se por si mesma. É preciso que você se entregue a ela "assim como quando se nada de costas sobre águas tranqüilas", descreve Schultz. Em outras palavras: devemos deixar respirar. A atividade da respiração arbitrária — a respiração consciente — deve ser evitada. Por isso, Schultz escolheu, como inserção de apoio, a formulação criada pelos participantes: "Algo me respira", que deve ser entendida como um objetivo a ser alcançado, mais do que como uma tarefa.

Não existe uma "respiração correta" que abarque todas as metas. Assim como as demais funções dos órgãos, a respiração também depende da disposição; comprovam-no inúmeras expressões bem conhecidas, como as seguintes: "a excitação fez com que eu perdesse o fôlego; ao ouvir a notícia, ele perdeu o fôlego; sentiu falta de ar", e assim por diante.

A respiração das pessoas tensas e inconstantes em seus afetos é desequilibrada, e seu volume se altera. Por isso, o psicoterapeuta vienense Heinrich Wallnofer recomenda insistentemente o complemento de Schultz nestes casos: "Respiração muito tranqüila e regular". Essa formulação é bastante vantajosa para pessoas que têm um sistema vegetativo sensível.

Mas quando não dizemos aos ouvintes que é discutível o uso da formulação "está" em vez de "torna-se" nas frases dos exercícios, alguns às vezes se manifestam dizendo que a formulação "torna-se" parece-lhes mais simpática e esclarecedora. Eles devem, então, utilizar essa formulação em todos os exercícios, de modo que se possa dizer também: "O braço direito torna-se muito pesado". Naturalmente, também podemos descartar o verbo e o artigo, dizendo simplesmente: "Braço direito muito pesado".

Nossas fórmulas têm agora o seguinte teor:

"Estou perfeitamente tranqüilo" (1 vez);
"O braço direito está muito pesado" (6 vezes);
"Estou perfeitamente tranqüilo" (1 vez);
"O braço direito está muito morno" (6 vezes);
"Estou perfeitamente tranqüilo" (1 vez);
"Respiração muito tranqüila e regular" (6 vezes);
"Algo me respira" (1 vez);
"Respiração muito tranqüila e regular" (6 vezes).
Neutralização: "Braços firmes, respiração profunda, abrir os olhos".

Exercício físico

Agora que já sabemos descontrair os membros e os órgãos do peito, acalmaremos os órgãos do ventre mediante a seguinte fórmula:

"Plexo solar extremamente quente".

A sabedoria popular mostra também quanto isso depende dos nossos sentimentos e sensações. "Isto me dá dor de barriga; ter uma digestão sensível; isso dá vontade de vomitar; isto me atingiu no fígado, aquilo me dá cólica de fígado; causa-me azia; atingiu-me nos rins, etc.".

A musculatura do trato intestinal também reage muito sensivelmente a todas as alterações e às nossas disposições, de modo que até o medo pode virtualmente causar uma evacuação espontânea. Ao contrário, pessoas tensas sofrem freqüentes prisões de ventre.

Até as glândulas digestivas registram as mais tênues diferenças nas alterações de nosso estado de espírito, do mesmo modo que um sismógrafo mede a intensidade dos terremotos. Quando algo cai como chumbo em nosso estômago, isto significa que as glândulas digestivas estão em greve. Elas exigem: primeiro, uma descontração; depois, o alimento.

Todos sabemos como as glândulas salivares respondem com uma atividade maior à vista ou ao aroma dos pratos prediletos. Pois as glândulas do estômago não reagem com menos sensibilidade. E quem ainda duvidar do poder da imaginação, que tente imaginar-se mordendo um limão — as glândulas salivares logo reagirão à altura!

Nos últimos cem anos, alguns médicos tiveram a sorte de poder observar uma fístula do estômago — o que foi uma falta de sorte para alguns pacientes. As fístulas surgiram por intermédio de ferimentos de diversos tipos. Através dessa janela do estômago, foi possível examinar diretamente as paredes da mucosa desse órgão, observando suas reações em resposta aos distúrbios da mente. Pode-se constatar com muita clareza que, sob cargas emocionais, as paredes e a mucosa do estômago ficavam com uma coloração avermelhada — semelhante ao rosto de um jovem encabulado quando a amada lhe dirige a palavra.

Isso nos ensina que o sistema nervoso vegetativo alcança quase todas as células do nosso corpo, de modo que cada célula também participa da nossa respectiva disposição. Aquilo que provoca a sensação é diferente para cada pessoa; pode até variar no mesmo indivíduo — porém o corpo é sempre um servo da mente. Isso explica o ditado: "A alma oculta-se no estômago".

Se uma pessoa for submetida a freqüentes alterações de disposição e for imbuída, consciente ou inconscientemente, de posturas anímicas errôneas, seu corpo pode tornar-se um saco de pancadas, ou um bode expiatório. Daí a nossa tentativa de obter controle sobre o sistema nervoso vegetativo através do TA.

O plexo solar dos boxeadores pertence ao sistema nervoso vegetativo e, na realidade, está interligado a uma rede nervosa maior. Encontra-se atrás do estômago, isto é, bem ao fundo e de ambos os lados da vértebra torácica mediana.

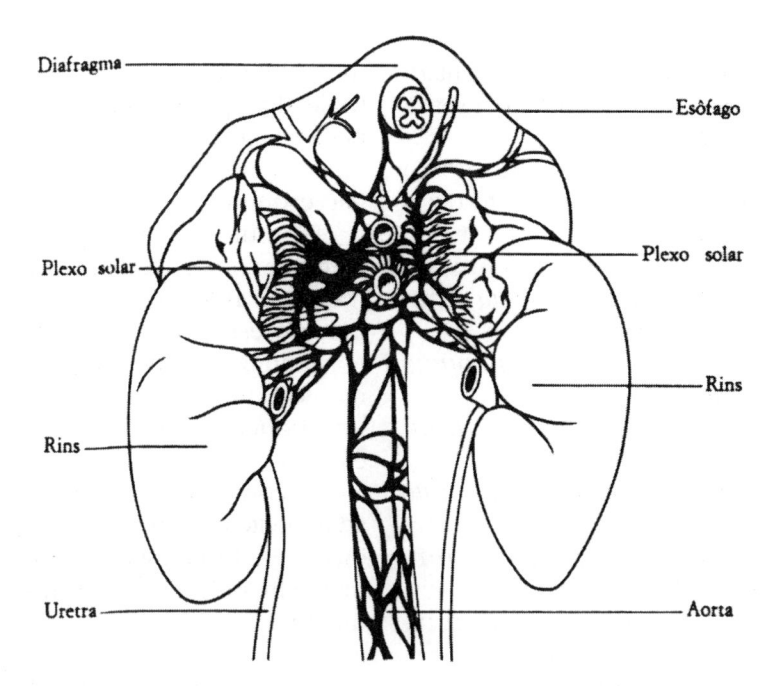

Plexo solar
O estômago está afastado, para que o plexo solar se torne visível

Para encontrá-lo, deve-se procurar o limite inferior do esterno, buscando o umbigo com a outra mão: bem no meio, entre ambas, e no fundo, encontra-se o plexo solar, que regula as atividades dos órgãos e transmite nossas disposições.

Se, após duas semanas, a sensação de calor ainda não tiver ocorrido, devemos tentar novamente, visualizando as seguintes imagens: imagine que o ar que está expelindo sai da parte de cima da barriga; que o sol bate em cheio no seu corpo; que acaba de ingerir um copo com alguma bebida alcoólica concentrada, de estômago vazio; imagine que bebeu algo quente, ou que o calor se irradia de algum aparelho transmissor, e está penetrando na parte de cima da barriga. A maioria dos que fazem os exercícios pode imaginar os sinais ou as sensações de descontração com mais facilidade enquanto expira o ar. Isso é principalmente válido no que concerne à sensação de calor acima da barriga.

A fórmula do treinamento "pleno solar extremamente quente" só muito poucas vezes deve ser modificada em nossos cursos para: "A barriga está confortavelmente morna", ou então: "A região dos rins está confortavelmente morna".

Portanto, até agora, nosso programa de treinamento diz o seguinte:

"Estou perfeitamente tranqüilo" (1 vez);
"O braço direito está muito pesado" (6 vezes);
"Estou perfeitamente tranqüilo" (1 vez);
"O braço direito está muito morno" (6 vezes);
"Estou perfeitamente tranqüilo" (1 vez);
"O coração bate muito tranqüilo e forte" (1 vez);
"Estou perfeitamente tranqüilo" (1 vez);
"Respiração muito tranqüila e regular" (1 vez);
"Estou perfeitamente tranqüilo" (1 vez);
"O plexo solar está extremamente quente" (6 vezes).

Exercício para a cabeça

A sabedoria popular também discerniu de uma maneira maravilhosa o intercâmbio entre a "cabeça" e os fatores emocionais; o que provam as seguintes frases tão usuais: ficou tão encabulada que enrubesceu; está saindo fumaça pela cabeça; é preciso manter a cabeça fria; quebrou a cabeça a respeito de algo; perdeu a cabeça; cabeça fria; coração quente; foi o único a não perder a cabeça; não esquente a cabeça, etc.

Há muito tempo a medicina receita, com sucesso, banhos tranqüilizantes e compressas frias na testa.

Schultz escolheu originariamente a fórmula: "A testa está um pouco fresca". Contudo, esta não obteve tão bons resultados como a que é utilizada atualmente pela maioria dos médicos: "A testa está agradavelmente fresca", ou então simplesmente:

"Testa agradavelmente fresca".

O termo "um pouco" denota insegurança, e não se adapta bem à imagem das fórmulas e das frases que contêm um propósito, desorientando alguns pacientes.

Muitos acham que o exercício da cabeça é mais fácil do que os exercícios anteriores. Quando praticamos em casa, às vezes nos deitamos de modo que a cabeça fique mais próxima da parede externa da casa, ou embaixo de uma janela. A parede externa como que afaga a testa com um sopro agradável, produzindo a desejada sensação de frescor. Do mesmo modo, há em geral uma leve circulação de ar em cada aposento, percebida na testa como uma sensação semelhante. Para se ter certeza de que não estamos recebendo apoio físico em demasia, podemos deitar no meio do quarto e controlar em que medida a testa está agradavelmente fresca ou não, pois a experiência comprova que no meio do aposento o movimento do ar é menor.

Schultz alerta insistentemente para que não se faça nenhuma modificação pessoal no que diz respeito à formulação do exercício, como, por exemplo: "A testa está completamente fria". Isso poderia causar dores de cabeça e, sobretudo, crises de enxaqueca. Do mesmo modo, as formulações errôneas causam desde sensações de tontura até desmaios.

A fórmula do exercício tem agora, ao todo, o seguinte teor:

"Estou perfeitamente tranqüilo";
"O braço direito está muito pesado" (6 vezes);
"Estou perfeitamente tranqüilo" (1 vez);
"O braço direito está muito morno" (6 vezes),
"Estou perfeitamente tranqüilo";
"O coração bate muito tranqüilo e forte (regularmente)" *(6 vezes);*
"Estou perfeitamente tranqüilo";
"A respiração está muito tranqüila e regular" (cerca de 6 vezes);
"Algo me respira";
"O plexo solar está extremamente quente" (6 vezes);
"Estou completamente tranqüilo";
"A testa está agradavelmente fresca" (6 vezes);
A formulação de um propósito, como, por exemplo:
"Eu posso fazê-lo (cerca de 10 a 30 vezes).
Neutralização: "Braços firmes, respiração profunda, abrir os olhos".

Enquanto ainda não se dominarem com segurança os exercícios é aconselhável efetuar a generalização e a comutação de acordo com o esquema que foi aprendido. Mais tarde, quando as fórmulas dos exercícios já se tiverem inserido em nossas entranhas, poderemos abreviá-las:

"Tranqüilidade, peso, calor";
"O coração e a respiração estão muito tranqüilos";
"O plexo solar (o corpo) está extremamente quente";
"A testa está agradavelmente fresca";
Neutralização. "Braços firmes, respiração profunda, olhos abertos".

RELAX — COMO VENCER AS TENSÕES
Dr. Edmund Jacobson
Formato: 14 x 21
186 páginas
Editora Cultrix
Tel.: (011) 272-1399
São Paulo
1990
(Ver pág. 136)

Relaxamento Científico

DR. EDMUND JACOBSON

Quando falamos em relaxamento num músculo qualquer, estamos nos referindo à ausência completa de contrações. Estando frouxo e imóvel, o músculo não oferece resistência ao estiramento. Por exemplo: se seu braço está completamente relaxado, uma outra pessoa pode dobrá-lo ou estirá-lo pelo cotovelo com um esforço pouco maior que o necessário para sustentar o peso de seu antebraço; como se você fosse uma boneca de trapos, essa pessoa não encontraria nem resistência nem ajuda quando movimentasse sua mão. Num indivíduo que esteja deitado completamente relaxado, no sentido presente, todos os músculos presos aos ossos permanecem frouxos. São os chamados "músculos esqueletais". Sempre que efetua um movimento voluntário, você o faz contraindo algum músculo esqueletal ou algum grupo de músculos esqueletais. Relaxamento geral significa ausência completa de todos esses movimentos. Essa expressão significa igualmente a ausência total de rigidez em qualquer parte do corpo.

Quando os músculos estão completamente relaxados, os nervos que vão para os mesmos e que deles partem não transmitem mensagens: os nervos ficam completamente inativos. Os testes elétricos que serão descritos mais adiante permitem afirmar com certeza que relaxamento completo em qualquer conjunto de nervos significa pura e simplesmente atividade nula nesses nervos.

A maioria dos médicos e dos leigos, assim como alguns pesquisadores cientistas, empregam habitualmente a palavra "nervosismo". Pode-se afirmar com aparente segurança que embora esse termo seja muitas vezes usado de maneira vaga, ele sempre significa que os nervos numa parte qualquer ou em algumas partes estão ativos. Atendendo-nos a esta acepção, podemos repetir o que ficou dito acima. *É fisicamente impossível estar nervoso numa parte qualquer de seu corpo, se nessa mesma parte você está* COMPLETAMENTE *relaxado*. Pedimos com instância ao leitor que examine cuidadosamente os motivos e as comprovações desta afirmação tais como são aqui apresentados e, se possível, também no meu livro mais técnico sobre o RELAXAMENTO PROGRESSIVO. Nós o convidamos a considerar se nessa afirmação, caso seja verdadeiro, está implícito que no relaxamento completo podemos encontrar, até certo ponto, um tratamento direto e específico daquilo que é freqüentemente denominado "nervosismo".

Durante o relaxamento geral, estão ausentes até mesmo certos movimentos involuntários; por exemplo: quando ocorre um ruído repentino, a pessoa relaxada não tem nenhum sobressalto. Mas estamos antecipando as coisas; voltemos ao nosso caso.

Já que os médicos descobriram que o repouso é útil, pareceu importante buscar através de meios científicos a maneira mais eficaz de repousar. Isso chamou a atenção para o fato de que o paciente, aconselhado a permanecer na cama, não consegue muitas vezes obter os desejados efeitos do repouso. Essa pessoa talvez não saiba relaxar, e seu desassossego pode ser agravado por um aborrecimento de um tipo qualquer; de modo que ela fica a se mexer e a agitar na cama, ou talvez permaneça estirada de maneira rígida e desconfortável devido aos músculos tensos, e conserve a mente preocupada, impaciente ou superativa de outra maneira qualquer. Na realidade, o objetivo do médico ao prescrever o repouso na cama poderá assim ficar neutralizado.

É estranho dizê-lo, mas o que ocorre durante o repouso tem sido geralmente tão pouco estudado que, mesmo nos mais reputados tratados sobre distúrbios nervosos, a palavra "relaxamento" raramente aparecia até poucos anos atrás. Ela tem sido menos ignorada pelos seguidores de determinados cultos. Annie Payson Call, uma seguidora de Swedenborg, ajudava as pessoas (1902) a cultivar a postura e a praticar "exercícios relaxantes". Considerada sob certos aspectos práticos, sua obra parece altamente elogiável. Mas seus interesses não eram científicos e quando ela afirmou que um indivíduo pode continuar nervoso enquanto está relaxado graças às medidas por ela preconizadas, fica evidente que ela não se dispôs a estudar o relaxamento extremo ou eficientemente trazido para fora que constitui a meta essencial do método aqui proposto.

No decorrer dos estudos de laboratório que serão agora descritos, foi sendo gradualmente desenvolvido um método destinado a produzir um grau extremo de relaxamento neuromuscular. Verificou-se em muitos casos que aquilo a que se dá habitualmente o nome de "relaxamento" é inadequado e pouco fidedigno com relação aos nossos objetivos clínicos e de pesquisa. Descobri, como o haviam feito outros anteriormente, que um indivíduo pode permanecer deitado e aparentemente tranqüilo durante horas, num divã, e continuar não obstante insone e nervosamente desassossegado. Mesmo ali deitado, esse indivíduo pode continuar a deixar transparecer sinais de atividade mental, de excitação orgânica, de ansiedade ou de alguma outra perturbação emocional. Ele pode respirar irregularmente, estar irrequieto e sobressaltar-se; pode mover de vez em quando os olhos, os dedos ou outras partes do corpo; ou talvez fique a falar desnecessariamente. Tais sinais podem ocorrer ocasionalmente ou com freqüência, e tanto podem ser bastante evidentes para o observador como requerer uma observação muito acurada. Uma vez atraída a atenção para a questão, torna-se claro que, na melhor das hipóteses, pode-se dizer que esse repouso não é completo. Depois dele, o paciente muitas vezes não consegue parecer revigorado, persistindo seus sintomas e suas queixas de nervosismo, de fadiga ou de outras doenças. De modo que me senti compelido a investigar se os fenômenos acima mencionados não poderiam diminuir ou desaparecer se o relaxamento fosse cultivado em maior grau e estendido a todo o corpo.

Era evidente que se fazia necessário um grau extremo de relaxamento, e eu considerei conveniente criar a expressão "relaxamento progressivo". O plano consistia em testar se uma excitação que tem persistido teimosamente tenderá a ceder lugar ao sono quando as condições forem favoráveis ao relaxamento progressivo, e se as crises de preocupação ou de cólera, ou qualquer outra perturbação emocional, tenderão a passar. Um desenvolvimento ulterior teve em mira produzir, em certa medida, esses efeitos calmantes mesmo enquanto o indivíduo dá prosseguimento a seu trabalho ou a outra atividade qualquer. Em suma, a hipótese que se propunha era a da possibilidade de desenvolver um método susceptível de acalmar o sistema neuromuscular, inclusive o que se denomina habitualmente a "mente".

Quando uma pessoa não-treinada está deitada num divã, o mais tranqüilamente possível, tanto os sinais externos como os testes geralmente revelam que o relaxamento não é perfeito. Subsiste sempre aquilo que qualificarei de *tensão residual*. Isto pode ser observado também interiormente, através da experimentação ou apalpação dos músculos. Anos de autoobservação levaram-me a pensar, em 1910, que a insônia é sempre acompanhada de uma sensação de tensão residual e sempre pode ser vencida quando o indivíduo consegue deixar de contrair os músculos, mesmo em grau tão insignificante. De modo que a tensão residual parece ser uma contração sutil e contínua do músculo acompanhada de leves movimentos ou reflexos. Essa contração é muitas vezes provocada reflexivamente, por alguma perturbação ou dor; no entanto, mesmo nestas condições, deve-se buscar o relaxamento.

Afastar a tensão residual constitui então a característica essencial do presente método. Isto geralmente não acontece de imediato, salvo em determinados sujeitos bem treinados que estejam praticando. Freqüentemente, a tensão só desaparece aos poucos; talvez se façam necessários muitos minutos para relaxar progressivamente uma única parte do corpo, como o braço direito, por exemplo. O relaxamento desejado talvez só tenha início quando o indivíduo já esteja dando a um observador inexperimentado a impressão de estar perfeitamente relaxado.

As pessoas cansadas ou nervosas muitas vezes não conseguem relaxar eliminando a tensão residual. É espantosa a aparente tranqüilidade demonstrada por uma dessas pessoas quando deitada, enquanto um braço ou alguma outra parte de seu corpo revela ao instrumento utilizado para registrar seu estado um alto grau de tensão nervosa. Da mesma forma, muitas pessoas que habitualmente não seriam tidas como nervosas ou tensas são incapazes de relaxar completamente.

Quando uma pessoa está deitada e relaxada no sentido habitual mas não inteiramente relaxada no sentido fisiológico, os seguintes sinais revelam a presença da tensão residual: sua respiração está ligeiramente irregular com relação ao tempo ou à força, e a pessoa pode suspirar de vez em quando; o ritmo de suas pulsações pode ser normal, mas estará provavelmente mais acelerado que o apresentado em testes subseqüentes; o mesmo se aplica à sua temperatura e pressão arterial. Se você a observar com atenção, verificará que não está perfeitamente tranqüila, pois faz ligeiros movimentos de vez em quando. Franze ligeiramente a testa, fecha o cenho, pisca rapidamente, contrai os músculos em torno dos olhos ou movimenta os globos oculares por baixo das pálpebras, balança a cabeça, um membro ou mesmo um dedo. O reflexo do pontapé e outros reflexos profundos podem ser provocados (desde que o nervo local continue intacto); a pessoa se sobressalta ao ouvir qualquer ruído repentino e inesperado; nos estudos empreendidos até agora, se o esôfago ou o cólon estão espásticos, esse estado de excitação persiste. Finalmente, a mente continua ativa e, uma vez desencadeadas, uma preocupação ou uma emoção opressiva não desaparecem.

É espantoso que um leve grau de tensão possa ser responsável por tudo isto. O relaxamento residual necessário para vencer a tensão residual pode ser leve. No entanto, este leve progresso pode ser exatamente o que se fazia indispensável. Talvez isto explique mais uma vez por que o presente método foi durante muito tempo descurado. À medida que o indivíduo relaxa ultrapassando o estágio da tensão residual, sua respiração fica livre das leves irregularidades, o ritmo das pulsações pode diminuir chegando ao normal, a temperatura e a pressão arterial caem, o reflexo do pontapé diminui ou desaparece juntamente com os reflexos da garganta e os de curvatura e os sobressaltos nervosos, o esôfago (admitindo-se que os três casos estudados são característicos) relaxa ao longo de todo o seu comprimento, e a atividade mental e emocional se reduz ou desaparece durante breves períodos. A pessoa fica então deitada tranqüilamente, com os membros flácidos sem vestígio algum de rigidez em nenhuma parte visível e sem nenhum reflexo de engolir, enquanto pela primeira vez suas pálpebras permanecem imóveis e atingem um aspecto peculiar e sem tonicidade. Qualquer tremor que estivesse anteriormente presente diminui ou desaparece, e deixam de ocorrer os leves balanços do tronco, dos membros ou mesmo de algum dedo. Independentemente uns dos outros, os sujeitos demonstram uma concordância quando relatam que o estado daí resultante é agradável e repousante. Quando ele persiste, transforma-se na forma mais repousante de sono natural. Nenhum sujeito na universidade e nenhum paciente jamais viram um estado provocado por sugestão, hipnose ou transe, ou outra coisa qualquer que não seja uma condição perfeitamente natural. Somente uma pessoa que se tenha limitado a ler uma descrição poderia levantar alguma dúvida sobre este ponto.

A alta tensão nervosa, como ficou demonstrado nos movimentos exagerados ou excessivos dos músculos ou na tensão dos mesmos, que são susceptíveis de serem movidos de acordo com a vontade da pessoa, está provavelmente subordinada ao controle voluntário. Todo indivíduo, pelo menos dentro de certa medida, relaxa os músculos quando vai descansar. Pareceria estranho, por conseguinte, se essa função natural não pudesse ser particularmente cultivada para contrabalançar um excesso de atividade e acalmar o sistema nervoso. É este o objetivo do presente método.

Como se pode facilmente verificar, o indivíduo excessivamente fatigado, assim como o neurótico, perdeu em parte o hábito ou a capacidade natural de relaxar. Em geral, tais indivíduos não sabem identificar os músculos tensos, são incapazes de avaliar se estão ou não relaxados, não compreendem claramente que deveriam relaxar e não sabem como fazê-lo. Essas capacidades precisam ser cultivadas ou novamente adquiridas. De modo que é geralmente inútil dizer ao paciente que relaxe, ou aconselhá-lo a praticar exercícios com esta finalidade nas quadras de esportes. De acordo com os padrões populares, um paciente pode estar aparentemente "relaxado" numa cama durante horas ou dias, permanecendo no entanto preocupado, receoso ou excitado de uma outra maneira qualquer. Assim, admite-se por vezes erroneamente que um paciente está em repouso quando, na verdade, certas atividades voluntárias ou reflexas locais, como as acima descritas, não foram consideradas com atenção. A detecção desses sinais é útil para o diagnóstico e para a orientação do paciente ou sujeito, quanto à maneira de promover a tranqüilidade nervosa e mental.

De acordo com minha experiência de 70 anos, tanto na clínica como em laboratório, quando o paciente aprende a relaxar o sistema voluntário, a tendência é ocorrer subseqüentemente uma tranqüilização semelhante nos órgãos internos, inclusive o coração, os vasos sanguíneos e o cólon. As emoções tendem a se aplacar à medida que ele relaxa. Indiscutivelmente, pode haver um círculo vicioso: a superatividade visceral nervosa parece estimular o sistema nervoso central, enquanto este sistema excita ainda mais o sistema visceral. Para que um desses sistemas se acalme, é preciso que o outro se tenha acalmado antes. De modo que em certos casos crônicos, o relaxamento se torna um processo gradativo: uma questão de formação de hábitos que pode exigir meses. Diversos estímulos que aparecem quando há uma dor, uma inflamação ou alguma secreção glandular irregular, como o bócio tóxico, podem provocar um espasmo muscular visceral, prejudicando por conseguinte o relaxamento. Nessas difíceis condições, admite-se tradicionalmente — e os pacientes o afirmam com freqüência — que o indivíduo "não pode" relaxar. Seria entretanto difícil provar essa incapacidade. A presença de uma resposta reflexa à dor ou a algum outro estímulo não constitui por si mesma uma prova de que o reflexo "não poderia" ter sido relaxado, como ficará mais adiante demonstrado. É justamente isto que está a exigir uma investigação, pois os pontos de vista subjetivos do paciente, assim como as concepções apriorísticas do médico não deveriam tomar o lugar dos testes clínicos e laboratoriais.

Para maior clareza, parece valer a pena repetir o que ficou dito acima, usando porém outras palavras. Muita gente pergunta como é possível relaxar o estômago, os intestinos, o coração e outros órgãos internos... Como conseguir o controle direto? A resposta é dada pela experiência no campo clínico, tanto quanto pelos testes de laboratório, os quais indicam que *se você relaxar suficientemente os seus músculos esqueletais (sobre os quais você pode exercer um controle), os músculos internos tenderão igualmente a relaxar.* Você controla o aparelho interno nesta medida, embora indiretamente, mesmo sem treinamento. Podemos olhar para esta questão de um outro ângulo. A pessoa cujos músculos viscerais estão exageradamente tensos, como em certos estados de indigestão nervosa, de cólon espástico, de palpitação e outros sintomas internos comuns, revela claramente a qualquer observador qualificado que seus músculos externos também estão demasiadamente tensos. As medições elétricas confirmam esta afirmação. Quando a pessoa relaxa suficientemente os músculos externos — os que estão sob seu controle —, diminuem os sintomas provocados pela excessiva tensão muscular interna, enquanto os testes indicam que os músculos internos já não estão tão espásticos. Isto dá claramente a entender que a tensão excessiva ou espasticidade dos músculos viscerais depende da presença maior ou menor de uma tensão excessiva nos músculos esqueletais. Neste caso, o relaxamento dos músculos esqueletais é eficaz no tratamento de certos distúrbios internos porque remove a causa ou uma parte essencial da causa.

Depois de enfatizar a diferença entre o relaxamento "científico" e o "ordinário", é igualmente importante salientar a identidade fundamental de ambos. Em condições favoráveis, indivíduos não-treinados relaxam, como demonstram os instrumentos registradores, embora geralmente não de maneira tão completa quanto depois do treinamento. Os chamados indivíduos fleumáticos são particularmente susceptíveis de consegui-lo. Pode-se admitir entretanto que, sejam quais forem as propensões naturais de um indivíduo a relaxar, existem sempre muito mais coisas que lhe poderão ser ensinadas — assim como uma pessoa naturalmente dotada de uma boa voz pode, não obstante, aprimorá-la sensivelmente com um treinamento adequado. A experiência tem provado que as pessoas que não tenham sido treinadas para relaxar são menos propensas a recorrer ao relaxamento voluntário nos momentos de perturbação emocional. Não conseguem aplicar essa capacidade, mesmo quando a possuem; no entanto, o processo de relaxamento, quer natural quer cultivado, é essencialmente o mesmo.

A experiência tem provado que para o convalescente que não esteja preso ao leito a prescrição de exercícios alternados com o repouso não apresenta nenhuma incompatibilidade. Uma coisa prepara para a outra, e o grau e a extensão do relaxamento tendem a aumentar depois de um exercício moderado.

Antes de treinar um paciente qualquer, o médico evidentemente tomará conhecimento pormenorizado de sua história e lhe acrescentará exames físicos, laboratoriais e radiográficos completos que o levem a um diagnóstico correto. Talvez lhe pareça necessário recorrer à cirurgia, a medicamentos ou medidas higiênicas, além do relaxamento progressivo. Evidentemente, é importante remover, na medida do possível, as fontes — quer físicas, quer mentais — de dificuldades e excitação. Considerando-se que esse ideal nem sempre pode ser alcançado, o método do relaxamento procurará reduzir a reação nervosa, mesmo quando as fontes continuam inevitavelmente ativas.

Se o objetivo visado ao empregar-se o relaxamento é a investigação mais do que a obtenção de resultados práticos, deverão ser excluídas na medida do possível todas as outras medidas de tratamento. Todavia, mesmo considerando apenas os interesses práticos do paciente, em muitos casos é melhor excluir as medidas terapêuticas adicionais até que os efeitos do relaxamento tenham sido amplamente testados; porque, do contrário, se o seu estado começar a melhorar, surgirão dúvidas quanto ao agente responsável pelo resultado e, conseqüentemente, talvez se faça uma escolha errada para dar prosseguimento ao tratamento.

Pelo mesmo motivo, é freqüentemente melhor fazer com que os pacientes prossigam a sua rotina habitual no trabalho e na vida social, aprendendo a relaxar até mesmo ao enfrentar diretamente os seus problemas. Se lhe facilitarem o programa enquanto está sendo treinado para relaxar e se eventualmente chegar a se estabelecer, não haverá nenhuma maneira de determinar em que proporção essa melhora deverá ser atribuída apenas ao relaxamento, e o paciente poderá conferir ao mesmo um mérito exagerado ou, pelo contrário, demasiadamente pequeno. Neste último caso, tendo melhorado, ele poderá negligenciar a sua prática e ter uma recaída.

Não seria possível enfatizar demais a importância da prática diária para todo aquele que pretenda seriamente cultivar o hábito do relaxamento, quer deitado, quer durante as atividades normais. Evidentemente, o descuido dessa prática pode significar a perda de todos os benefícios colhidos até o momento.

Quando o relaxamento fica limitado a um grupo particular de músculos ou a uma parte do corpo, como um membro por exemplo, é ele qualificado de *local*; quando inclui praticamente todo o corpo, estando a pessoa deitada, o relaxamente é *geral*.

Dizemos que o relaxamento é "progressivo" sob três aspectos:

1) O sujeito relaxa um grupo; por exemplo, os músculos que dobram o braço direito, cada vez mais, de minuto em minuto. 2) Ele aprende a relaxar, um depois do outro, os principais grupos de músculos do corpo. Juntamente com cada novo grupo, ele relaxa as outras partes que haviam sido treinadas anteriormente. 3) À medida que o sujeito levar adiante essa prática cotidiana, segundo me ensina a experiência, ele há de progredir até atingir um hábito de repouso, isto é, tenderá a alcançar um estado no qual a tranqüilidade é automaticamente mantida. Em contraposição, ensinou-me a experiência que o indivíduo que se entrega sem restrições à excitação se torna susceptível de uma excitação cada vez maior.

Evidentemente, é importante que você descubra como gasta suas energias. Esse desgaste ocorre quando você contrai um músculo. Muitas vezes, entretanto, você enrijece um músculo ou o movimenta mais ou menos sem o perceber; e, segundo se observa no exercício da clínica, esses dispêndios "inconscientes" de energia são freqüentes ou habituais em certas pessoas. Leva isto a pensar na necessidade de se proceder a um arrolamento. Evidentemente, a capacidade de observar suas próprias tensões deveria ajudar a pessoa que esteja procurando diminuir algumas delas. Não é preciso temer que essa observação torne o indivíduo morbidamente consciente de si mesmo; pelo contrário, de acordo com a minha experiência, ela encaminha para a direção exatamente oposta.

Quando declaramos que uma pessoa está "tensa", queremos dizer, em linguagem popular, que ela está com "os nervos à flor da pele". Quando dizemos que músculo está "tenso", queremos dizer que ele está se contraindo — isto é, que suas fibras estão encurtadas. Além disso, usa-se neste livro um terceiro significado da palavra "tenso". Quando você busca uma sala sossegada, se deita e depois de alguns minutos de descanso efetua algum movimento lenta e continuamente, pode observar, com um pouco de prática, uma sensação no músculo que se está contraindo. Concordamos em dar a esta experiência o nome de "estado de tensão" ou enrijecimento. Concordamos igualmente em dar este mesmo nome a essa experiência onde quer que ela se manifeste no corpo e seja qual for a sua intensidade. Não se exige que você seja médico, nem fisiólogo quando aprende a relaxar; por conseguinte, não se espera que você saiba onde ficam os seus músculos, ou o que eles fazem. Mas é necessário que aprenda a reconhecer a sensação da tensão. Pois esse conhecimento a capacita a saber quando e onde está tenso, para que se possa habilitar a corrigir esse estado, quando é exagerado.

Como dissemos anteriormente, as tensões musculares são responsáveis por muitas distorções e enredamentos de nossa existência. Caminhar, falar, respirar e todas as nossas atividades implicam uma série de tensões complicadas e sutilmente matizadas de vários músculos. Eliminar permanentemente todas essas tensões equivaleria a eliminar a existência. Não é este o nosso propósito, mas por vezes nós as precisamos controlar e o relaxamento, é uma das formas desse controle.

É útil aprender a reconhecer e localizar nossas sensações de tensão, mas isso não se faz invariavelmente necessário, porque o relaxamento muitas vezes atua automaticamente, sem que precisemos nos preocupar com ele; e isto deve ser sempre encorajado. Se você estiver continuamente a observar suas sensações, ou a verificar se está sempre relaxando ou relaxando numa ocasião inoportuna, você há de permanecer em estado de tensão. Por outro lado, a experiência me ensinou que certas regiões musculares freqüentemente deixam de relaxar completamente até que o sujeito aprenda a localizar nas mesmas a tensão. Alcança-se um feliz acordo quando, com um mínimo de atenção, o distúrbio é localizado e em seguida relaxado. Com o passar dos meses, os momentos de atenção aos músculos vão se tornando progressivamente desnecessários, à medida que se vai adquirindo o hábito de relaxar. É um processo de aprendizado como outro qualquer, exigindo cada vez menos atenção com o passar do tempo. Depois de cultivado o hábito do relaxamento, este continua automaticamente, da melhor maneira possível, com pouca ou mesmo nenhuma atenção consciente.

Como Relaxar Estando Deitado

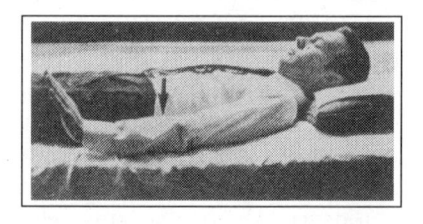

verá perceber a sensação nos músculos flexores no ponto indicado pela seta; a ela se dá o nome de enrijecimento.

1. Enquanto mantém a mão inclinada para trás, você nota a existência de uma tensão na parte posterior do antebraço.

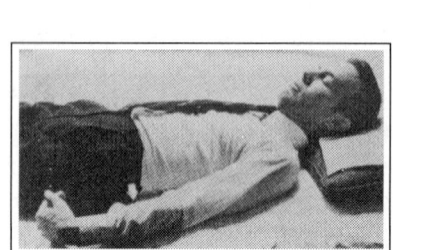

2. Enquanto mantém a mão dobrada para a frente, você nota a existência de uma tensão na parte frontal do antebraço.

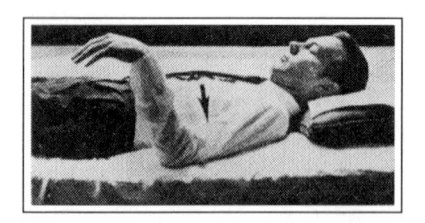

3. Fechando os olhos, dobre o braço esquerdo e mantenha-o nessa posição. Você de-

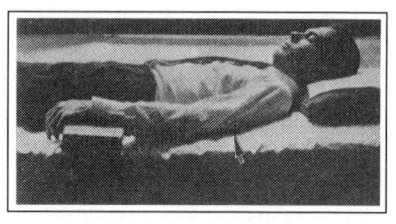

4. Ao estirar o braço e fazendo pressão com o pulso sobre a pilha de livros (enquanto sua mão pende livremente), você se familiariza com o enrijecimento nos músculos extensores, no ponto indicado pela seta.

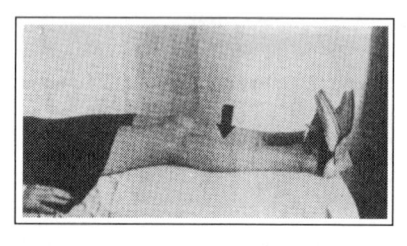

5. Dobrando o pé para cima, você nota o enrijecimento nos músculos abaixo da rótula.

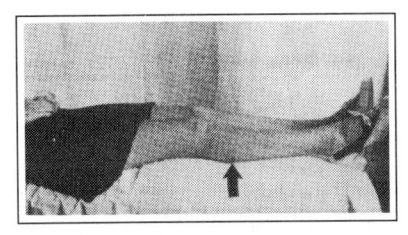

cebe o enrijecimento na parte posterior da coxa.

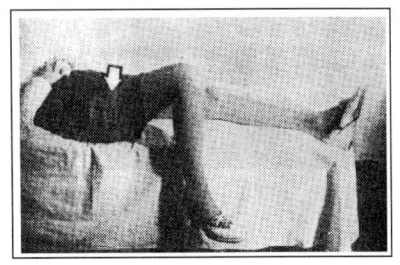

6. Dobrando o pé para baixo, você percebe o enrijecimento nos músculos da barriga da perna (panturrilha).

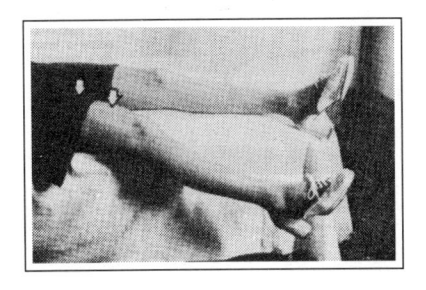

7. Estirando a perna, você percebe o enrijecimento na parte frontal da coxa. (Anteriormente, enquanto estava relaxando, com a perna pousada sobre a beira do divã, seu sapato estava mais próximo do chão.)

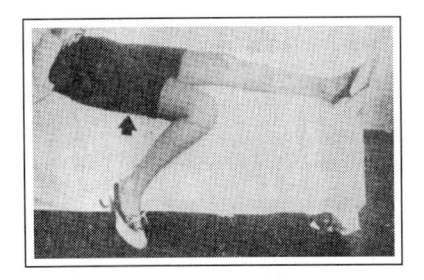

8. Dobrando a perna (com o pé erguido para trás), você per-

9. Flexionando na altura do quadril, com a perna esquerda pendendo livremente sobre a beira do divã, ser-lhe-á possível localizar o enrijecimento nos músculos flexores (psoas), que se inserem profundamente na região abdominal, em direção às costas.

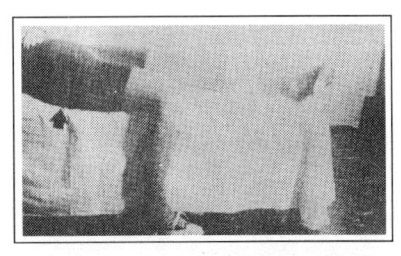

10. Premindo o calcanhar contra o chão, você percebe o enrijecimento nos músculos das nádegas.

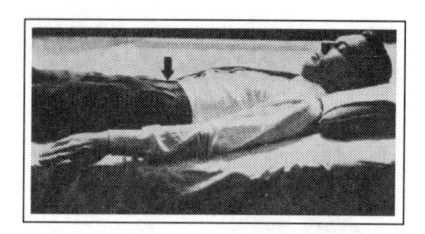

11. Contraindo os músculos abdominais, você percebe um leve enrijecimento em todo o abdômen.

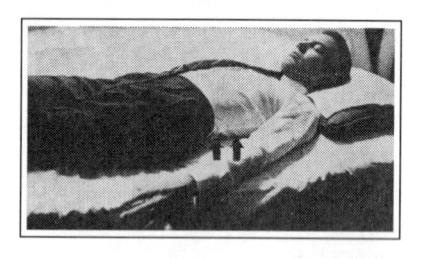

12. Arqueando as costas, você poderá observar um acentuado enrijecimento ao longo de ambos os lados da espinha.

13. Enquanto está respirando tranqüilamente, como de costume, observe um enrijecimento muito leve e difuso em todo o tórax, durante apenas a inalação; esse enrijecimento está ausente durante a expiração e a pausa que a ela se segue.

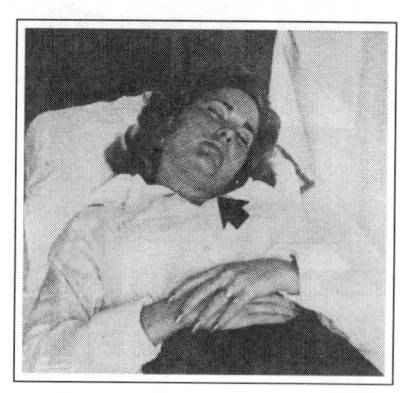

14. Inclinando a cabeça para a esquerda, você observa o enrijecimento nos músculos do lado esquerdo do pescoço.

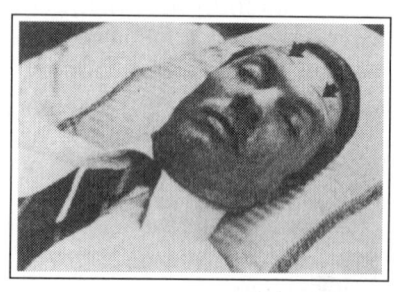

15. Franzindo a testa, você dá oportunidade ao enrijecimento para que se espalhe difusamente por toda a sua fronte.

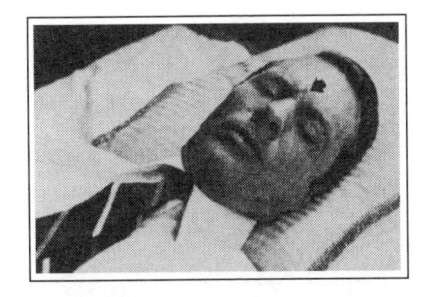

16. O franzir do cenho pode ser percebido distintamente na região entre os olhos.

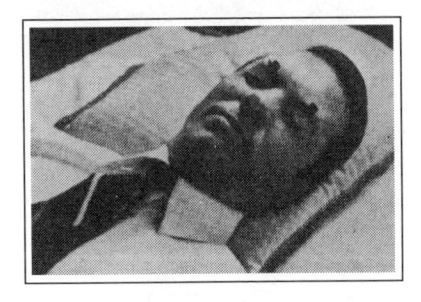

17. O enrijecimento em toda a superfície das pálpebras pode ser percebido quando se fecham as mesmas com força.

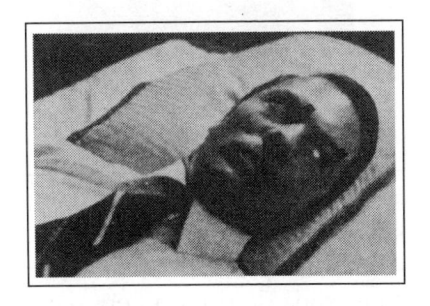

18. Dirigindo o olhar para um lado, ser-lhe-á possível perceber uma sensação de enrijecimento nos músculos do globo ocular. Faça este exercício com os olhos fechados até perceber distintamente essa sensação.

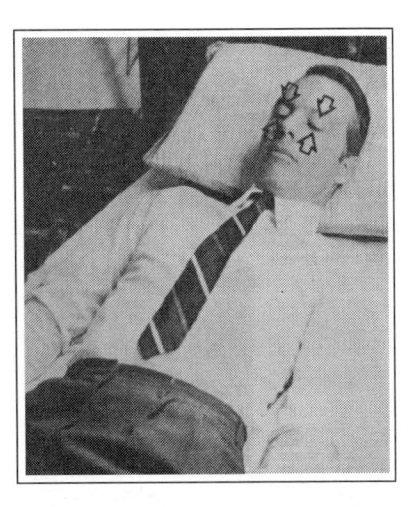

19. Olhando do teto para o chão, você poderá relatar que enxerga o teto e depois o chão, e que você percebe o enrijecimento nos globos oculares, ao fazê-lo. Esse enrijecimento se modifica rapidamente enquanto o olho se movimenta e, por comodidade, dá-se a este enrijecimento o qualificativo de *movente* ou *móvel* para contrapô-la ao enrijecimento levemente *constante* que você percebe quando um músculo é mantido numa posição rígida como mostra a Fig. 1.

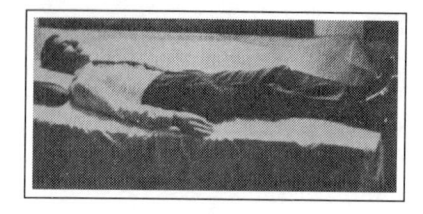

20. Esta fotografia ilustra a posição de relaxamento geral completo.

21. Na postura sentada, você deverá rever todos os enrijecimentos anteriormente percebidos quando estava deitado. Dobrando o braço, você deverá ser capaz de sentir muito claramente o enrijecimento.

22. Nesta fotografia fica ilustrado como pode estar relaxada uma pessoa enquanto permanece sentada. É o que se chama relaxamento diferencial.

23. Outro exemplo de *relaxamento diferencial*. Esse homem está aprendendo a relaxar na medida do possível enquanto lê um livro e procura absorver seu significado.

manter relaxado quando sentado diante de sua escrivaninha. Para ajudá-lo, ele pode observar num mostrador o grau de tensão presente a qualquer momento nos músculos de seu antebraço. Elétrodos de platina-irídio estão colocados sobre sua pele, acima desses músculos. Os fios que partem desses elétrodos estão ligados a instrumentos registradores desenvolvidos em nosso laboratório.

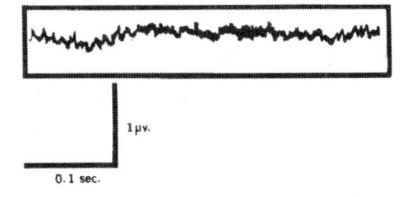

24. Trabalhando, porém *diferencialmente relaxado*. Este homem está poupando suas energias e tornando-se mais eficiente.

25. Nos estudos presentes, a tensão passou a constituir uma realidade mensurável (substituindo o vago emprego deste termo tal como é habitualmente utilizado). Aqui temos um jovem médico aprendendo a se

26. Quando uma região muscular está relaxada ou quase relaxada, de acordo com as medições efetuadas pelo neurovoltômetro integrador, esse estado pode se tornar visível graças a um osciloscópio (instrumento comum na maioria dos laboratórios eletrônicos). O raio de luz móvel traça então uma linha quase reta, como se vê na foto nº 26. A unidade de medida é indicada abaixo do traçado, vale dizer um milionésimo de volt, susceptível de ser medido até um décimo dessa voltagem mínima. A unidade de tempo, como também está indicado, é um décimo de segundo.

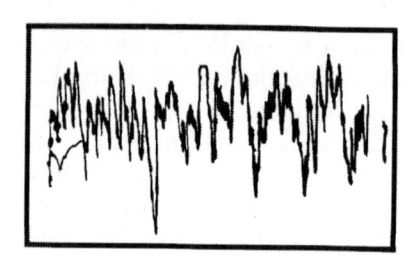

27. Quando a mesma região muscular desse mesmo indivíduo está tensa, o raio de luz móvel oscila para cima e para baixo, segundo o traçado da Figura 27. As unidades de microvoltagem e de tempo são as mesmas indicadas na Fig. 26. Essas duas fotografias foram tomadas quando os elétrodos de superfície estavam colocados sobre a pele acima do sítio muscular. (O grau de tensão pode ser medido em milionésimos de volt por um décimo de segundo, ou outra unidade de tempo.)

Fios ligavam esses elétrodos ao insumo de nosso neurovoltômetro integrador, único instrumento hoje em dia capaz de medir os estados mínimos de tensão das atividades mentais. Para determinar o grau de tensão de uma pessoa numa região muscular qualquer, o neurovoltômetro integrador também oferece recursos para distribuir a voltagem por minuto ou por alguma outra unidade de tempo. Essas distribuições médias são registradas durante períodos de meia hora com um computador digital operado por Richard E. Lange. A tensão é calculada e registrada a partir de cinco ou mais regiões simultaneamente.

Leitura Recomendada

A essência do conceito clipping é informar e motivar. Neste último capítulo deste livro clipping, apresentamos ao leitor comentários sobre os livros-matrizes, de onde os textos foram extraídos. Geralmente são prefácios ou introduções explicando a obra e sua finalidade.

O conteúdo dos livros desta coleção é auto-suficiente, mas ao leitor que deseje conhecimentos mais completos, recomendamos a leitura dos livros-fonte — aliás, esta é uma das razões da "invenção" da coleção O Poder do Poder.

A maioria dos livros aqui recomendados encontra-se disponível em livrarias ou nas respectivas editoras.

Aprendendo a relaxar
HERBERT BENSON — EDITORA ARTENOVA

No prefácio deste extraordinário livro, o autor, dr. Herbert Benson, uma das maiores autoridades em stress, falando dos motivos que o levaram a escrever a obra, depois de apresentar os devidos agradecimentos, faz os seguintes esclarecimentos aos seus leitores:

Este livro reúne e sintetiza dados científicos recentes e documentos antiquíssimos do Oriente e do Ocidente, que estabelecem a existência de uma capacidade humana inata: a Reação Relaxamento. Um livro desses é necessário porque as obras de pesquisa científica e religiosa citadas representam uma súmula de vastos campos do conhecimento aos quais o leitor pode não ter tido acesso.

A maior parte dos dados científicos, bem como o resumo dos documentos históricos relativos ao assunto, são fruto do trabalho da nossa equipe no Harvard's Thorndike Memorial Laboratory e no Beth Israel Hospital de Boston. Este livro é uma exposição do nosso trabalho, que permitirá ao leitor sadio tomar decisões inteligentes sobre o uso que fará da Reação Relaxamento. Se resolver utilizá-la com o propósito de tratamento, só deve fazê-lo com a aprovação e posterior supervisão do seu médico.

Sou grato à Miriam Z. Klipper, que forneceu os textos fundamentais para a composição da presente obra. David M. White encorajou-me. Desejo também reconhecer as contribuições de Martha M. Greenwood, Jamie B. Kotch e Nancy E. Mac Kinnon e agradecer-lhes o interesse, a perícia e a confiança, ajudando neste trabalho. Por seus conselhos, muito obrigado a David M. Roseman. Sem o apoio permanente e a crítica honesta de minha mulher Marylin não sei se o livro teria a mesma aparência, forma, estilo, ou até mesmo se ficaria pronto um dia.

Aspectos significantes deste livro, assim como investigações concernentes à Reação Relaxamento, só foram possíveis graças ao generoso financiamento dado pela General Service Foundation. Sou especialmente grato ao diretor da Fundação, John M. Musser, pelo seu apoio e estímulo. A pesquisa e o desenvolvimento deste livro também foram auxiliados pelas seguintes subvenções do Serviço de Saúde Pública dos E.U.: H. L. 14486; H. L. 10539; RR-76 do General Clinical Research Center's Program of Division of Research Resources; e MH 25101, e ainda uma ajuda do Roche Psychiatric Service Institute.

Alvaro Pacheco, o editor brasileiro que publicou o livro em nossa língua, entusiasmado com o valor da obra, escreveu estas significativas palavras:

Numa época de ansiedades e incertezas como a que vivemos hoje, nos defrontamos, a cada dia, com novas situações-problema, geradoras de angústias e conflitos. Nesse clima de tensão, é cada dia maior o número de pessoas jovens que sofrem, hoje, de hipertensão arterial, derrames cerebrais e ataques cardíacos.

Acabar com as causas do stress é impossível, já que são decorrentes da nossa própria civilização. Em busca de um meio realmente eficaz para aliviar as constantes pressões emocionais a que estamos submetidos diariamente, nos envolvemos, sucessivamente, com inúmeras panacéias, apresentadas por médicos, psicólogos, gurus e terapeutas.

Aprendendo a Relaxar nos traz uma solução definitiva; uma simples técnica de meditação que desperta a "Reação Relaxamento" e nos leva à paz interior.

Aprender esta técnica de meditação requer alguns minutos diários, quer seja no trabalho, em casa, ou mesmo a caminho do escritório. Compatível com os princípios e o modo de vida de qualquer cultura, ocidental ou oriental, "Reação Relaxamento" pode ser praticada tanto por indivíduos profundamente religiosos como por ateus.

Aprendendo a Relaxar é o resultado final da combinação de dados obtidos nas mais recentes pesquisas sobre stress com os princípios filosóficos das grandes religiões.

Em seu trabalho o Dr. Herbert Benson procurou reunir o que havia de comum nas técnicas de meditação das diferentes religiões do Ocidente e do Oriente. Seus estudos foram devida e exaustivamente testados no Thorndike Laboratory da Universidade de Harvard, onde é professor de Medicina, e no Hospital Beth Israel, de Boston, onde dirige o setor de hipertensão. Tais testes comprovaram amplamente a eficiência da técnica que, além de baixar a pressão sangüínea e reduzir a ansiedade, tem efeito decisivo no combate ao alcoolismo, ao tabagismo e à toxicomania.

Extremamente bem documentada, sem qualquer dose de mistificação, *Aprendendo a Relaxar* oferece ao leitor a explicação filosófica e fisiológica dos benefícios que a meditação traz.

Uma fascinante experiência de leitura, *Aprendendo a Relaxar* fornece um instrumento poderoso para que possamos conviver com as tensões e confrontos de um mundo a cada dia mais complexo.

Introdução aos Métodos de Relaxamento

BERNARD AURIOL — EDITORA MANOLE

Traduzido do original francês — Introduction aux Méthodes de Relaxation — *e publicado pela Editora Manole, de São Paulo, esta obra tem recebido a melhor acolhida pelos leitores brasileiros.*

Prefaciando o livro, o dr. Durand de Bousingen, do Centro Hospitalar Universitário de Estrasburgo, diz:

O relaxamento está na ordem do dia.

Atualmente este termo parece englobar todo um conceito que funciona como antídoto ideal contra os malefícios de uma época perturbada, atormentada pela angústia de um futuro incerto e difícil.

O homem moderno, incessantemente solicitado por um excesso de excitações sensoriais e afetivas de todo tipo (ruídos, imprensa, publicidade, rádio e televisão) procura nas chamadas técnicas de relaxamento um porto de paz onde possa conservar ou reencontrar sua integridade física, mental e moral constantemente ameaçada, manter sua flexibilidade de adaptação no campo emocional, constantemente solicitado pela aceleração do progresso.

A leitura do livro de Bernard Auriol demonstra sobejamente que tais técnicas abrangem numerosos procedimentos, diferentes e até mesmo heterogêneos quando comparados entre si.

O relaxamento, a procura de uma certa tranqüilidade mental, está na base de métodos muito antigos, pois o homem sempre aspirou ao repouso e procurou meios para consegui-lo.

Analisando-se os métodos atuais, observa-se que existem, em princípio, três grandes técnicas de indução que facultam esse estado de tranqüilidade e repouso, e que atuam ora isoladamente ora associadas:

— uma técnica de abordagem mental propriamente dita, que consiste em induzir um estado de tranqüilidade através de um mecanismo de repetição mental de um significante (por exemplo, a palavra *one* no método de Benson);

— uma técnica de trabalho sobre os elementos da seqüência: contração-descontração muscular, que busca a percepção da descontração muscular (por exemplo, a técnica de Jacobson);

— uma abordagem baseada em um trabalho mais global sobre a imagem do corpo; pode ser um trabalho estático (como na técnica do Treinamento Autógeno) ou dinâmico (por exemplo, a Eutonia de Gerda Alexander).

Todas essas técnicas de indução levam a um estado chamado de relaxamento, cujas semelhanças são muito mais numerosas que as diferenças.

A obra de Bernard Auriol surge para auxiliar o leitor a orientar-se nessa selva, apresentando-lhe caminhos — tanto quanto possível — bem delineados.

Descrevendo de forma minuciosa e objetiva as diferentes técnicas que reivindicam em maior ou menor grau o título de relaxamento, ele vem prestar imenso serviço a todo indivíduo que estiver à procura de um método.

Ao ler este livro, o leitor poderá sentir em si mesmo o impacto da base que sustenta cada uma das diferentes técnicas. Assim, por "empatia", ele poderá orientar-se em sua busca pessoal daquilo que lhe pareça melhor corresponder à sua personalidade e a seus problemas.

Todavia, convém lembrar que, em última instância, a eficácia de um método depende de quem o aplica. Muito mais do que nos métodos, é na competência de seu aplicador que se deve confiar.

Por outro lado, métodos básicos, com largo uso e longa experiência (Treinamento Autógeno e Método de Jacobson, por exemplo) convivem com métodos recentes, às vezes mal elaborados, muitas vezes construídos às pressas e insuficientemente testados quanto à eficácia.

Assim sendo, talvez se lamente que o doutor Bernard Auriol não tenha utilizado mais ativamente sua longa experiência em técnicas de relaxamento para uma crítica mais precisa sobre a confiabilidade das diversas técnicas. Porém, agindo assim, ele está dando ao leitor total liberdade em sua escolha e orientação.

Para quem deseja penetrar na densa floresta dos métodos de relaxamento, este livro constitui o primeiro guia que lhe permite primeiro informar-se, para depois se orientar da melhor forma possível em função de suas necessidades.

A Arte do Relax
HERMAN S. SCHWARTZ — EDITORA FORENSE

Eis aqui um plano, baseado em trinta anos de estudos e experiências, que irá ensiná-lo como alcançar a paz do corpo e da mente tão indispensável a uma vida saudável, agradável e feliz.

O método de Schwartz é derivado de idéias práticas da psicologia e fisiologia modernas. Uma vez compreendido, ele pode ser executado em menos de quinze minutos. O seu programa, que é baseado em procedimentos não muito violentos, simples e fáceis de aprender, produz o relaxamento em tempo muito menor do que qualquer outro método conhecido atualmente. Pode dar alívio imediato a fadigas e preocupações.

O autor examina todos os tipos de relax mental, físico, espiritual e do meio ambiente descrevendo o seu papel na vida ativa do dia-a-dia e mostrando como ele pode ser atingido efetivamente. Ele ilustra a utilização do relax no combate às tensões e pressões encontradas no trabalho, em casa, nos estudos e nas diversões. Explica como a alimentação, a sugestão, o autoconhecimento e outros fatores podem aliviar as tensões e auxiliar na conquista de uma paz interior. Alguns capítulos especiais são dedicados à superação da insônia, ao ajustamento à velhice e a como melhorar a sua segurança no volante.

Toda pessoa — doente ou saudável, fraca ou forte, ativa ou inativa — precisa relaxar-se. Portanto, deixe que a *Arte do Relax* o auxilie a encontrar o tipo de relaxamento que você precisa para o trabalho que faz e a vida que leva.

Como Relaxar-se de uma Maneira Fácil

Este é um novo método científico para aumentar sua eficiência na vida, pela utilização do mecanismo automático de seu corpo para o controle das tensões nervosas.

Este livro lhe oferece regras de comprovado sucesso para vencer:
    a tensão nervosa
    a insônia
    a preocupação excessiva
    a fadiga muscular
    a irritabilidade
    as tensões emocionais
    a aflição
    a excitação

os temores irracionais a falta de energia aquele se sentir amarrado, preso, dores de cabeça causadas pela tensão e muitas outras dificuldades que resultam das pressões da vida moderna.

Yoga Nidra
Relaxamento Físico, Mental, Emocional
PROF. PARAMHAMSA SATYANANDA — THESAURUS

A escolha deste livro — Yoga Nidra — *para integrar a coleção O Poder do Poder foi determinada pelo professor de Yoga Henrique Santos, um dos organizadores da coleção.*

Especializado nos métodos de Yôga de relaxamento, com vários anos de prática em seu espaço cultural Dinamic Yôga, em São Paulo, o professor Henrique Santos enfatizou a importância e a necessidade de constar em O Poder do Relaxamento um texto centrado no Yôga.

Yoga Nidra é uma técnica de meditação que faz parte da tradição tântrica. Nos textos antigos ou *Tantra Shastras* aparece como *nyasa*, isto é, um procedimento complexo e longo que inclui o conhecimento de mantras, chakras e do alfabeto sânscrito.

Quando revia esses textos, Swami Satyananda reconheceu a necessidade e utilidade de uma técnica assim no mundo moderno.

Baseando-se nela então, ele descobriu uma forma simples e efetiva de praticar yoga nidra diariamente e começou a usar o método em 1962. Deste início originaram-se as práticas atuais.

Este livro é uma compilação das conferências e aulas sobre yoga nidra oferecidas pelo Swami nos últimos oito anos. É dividido em duas partes: teoria e prática. Apresentamos cinco aulas práticas com instruções adicionais que permitem ao leitor um desenvolvimento individual. São exemplos de práticas dadas pelo Swami ou por outros Swamis da Escola de Yoga de Bihar. Houve um esforço dirigido no sentido de apresentar os exercícios da maneira mais clara e simples possível, para que todos possam obter maior benefício. O movimento "International Yoga Fellowship", liderado pelo autor e com centros em aproximadamente quarenta países, possui a sua sede central em Bihar School of Yoga, Monghyr, 811 201, Bihar, Índia.

Este livro foi traduzido pela equipe do Satyananda Ashram — Escola de Yoga de Brasília. Tradução feita do inglês para o português. (HIGS 707, Bloco "J", casa 36, Brasília 70351, DF.

Sobre o autor

Paramhamsa Satyananda tem trabalhado nos últimos 37 anos em um processo de destilação das antigas técnicas tântricas que foram aprendidas durante os 12 anos que passou com seu guru Swami Sivananda de Rishkesh; aperfeiçoadas em 12 anos de reclusão, enquanto monge itinerante, e montadas em um sistema claro, pronto para ser ensinado, como tem acontecido em sua Shar School of Yoga que, já conta com 13 anos de existência.

Yoga Nidra é talvez a mais válida de todas as práticas divulgadas por Paramhamsa Satyananda, pois cria um perfeito estado de relaxamento físico, mental e emocional; mantém um equilíbrio no limiar entre o estado de alerta e o de sono, que não só remedia as causas de enfermidades tais como hipertensão e úlcera, mas também aumenta a consciência nos planos psíquicos e mentais.

Como superar o stress

Treinamento autógeno

HANNES LINDEMAN — CÍRCULO DO LIVRO

O criador do TA — um método de treinamento científico — foi o dr. Johannes Heinrich Schultz, professor e doutor honoris causa, falecido em 1970, aos oitenta e seis anos após uma longa vida criativa. Ele apoiou-se nas pesquisas de Oskar Vogt, um explorador do cérebro humano.

A obra máxima de Schultz é Das Autogene Training Konzentrativa Selbstenspanning (Treinamento Autógeno — Auto-expansão Concentrativa).

O dr. Hannes Lindeman, também um médico alemão, foi aluno de Schultz e grande difundidor do TA. Em 1952 Lindeman foi capa da revista Times, *por ter sido o primeiro homem a atravessar o oceano Atlântico num barco de lona (bote) desmontável fabricado em série. Ele revelou que essa sua proeza fantástica foi possível graças às técnicas do TA.*

Sobre este seu livro, o dr. Hannes Lindeman diz o seguinte:

A saúde do homem nunca esteve tão ameaçada como hoje. Apesar do interesse do Estado e das comunidades pelo problema, e não obstante a responsabilidade das companhias de seguro, das ligas de bem-estar, etc., é preciso que o próprio homem lute pelo fortalecimento de sua saúde. Para tanto, ele necessita de ajuda. O treinamento autógeno pode oferecê-la.

Este livro é destinado a todos os que participam ou gostariam de participar de um curso de treinamento autógeno. De acordo com as exigências da Sociedade Alemã de Hipnose Médica e de Treinamento Autógeno, tais cursos só devem ser administrados por médicos. No entanto, essa exigência nem sempre é cumprida, e é provável que, às vezes, nem sequer seja viável. Os relatórios feitos nas conferências das escolas superiores evidenciam que nem todos os dirigentes dos cursos de treinamento autógeno são médicos. Do mesmo modo, não o são os que ministram ginástica para doentes, os professores de ioga e outros instrutores que incluíram alguns exercícios básicos de TA em seus cursos de descontração. Em todos os cursos que realizo nas escolas superiores, encontro integrantes que dispõem de algum conhecimento adquirido desse modo. Além disso, vários deles tentaram em vão fazer o treinamento autógeno de forma autodidática — muitas vezes por meio de livros destinados a médicos. Por esse motivo, pareceu oportuno à editora, e a este autor, publicar um minucioso livro de exercícios sobre o treinamento autógeno que fosse de fácil compreensão.

Ambos concordamos que seja aconselhável o leitor praticar o treinamento autógeno oferecido por este livro com a ajuda de um médico, ou mesmo freqüentando um curso. Se, contudo, não houver essa possibilidade, sem dúvida será melhor exercitar-se por conta própria, com a ajuda deste livro, do que deixar de fazê-lo. Oferecemos ao autodidata diretrizes e regras claras de atuação, de modo a garantir-lhe sucesso no aprendizado.

Relax
Como vencer as tensões
DR. EDMUNDO JACOBSON — EDITORA CULTRIX

O dr. Edmund Jacobson é uma das maiores autoridades mundiais em relaxamento. Aliás, a palavra relax *foi inventada por ele, quando trabalhava no laboratório da Universidade de Harvard, em 1908.*

Este seu livro — Relax — Como Vencer as Tensões *— é um dos textos mais importantes sobre o assunto.*

No prefácio, intitulado o Relaxamento Marca Época, o dr. Jacobson diz estas incisivas palavras:

Como tanta gente sabe, nós vivemos num mundo cheio de tensões. Nós conversamos sobre a "tensão" e lemos o que sobre ela se escreve. É analisada em artigos de jornais, em revistas e livros. Evidentemente, é hoje cada vez maior a compreensão geral de que existe algo excessivo em nossa maneira de viver, susceptível de nos levar ao desequilíbrio e à doença. Estamos em busca de um remédio. Os médicos, hoje em dia, nos aconselham a "relaxar".

Não foi sempre assim. Quando o famoso médico que prestava assistência ao presidente Wilson escreveu um livro sobre o repouso, a palavra "relaxamento" nem sequer apareceu no índice. Naquele tempo, não se costumava discutir a tensão. Os personagens dos filmes da época não se aconselhavam mutuamente a "relaxar" como fazem hoje, porque essa palavra ainda não penetrara nos costumes populares. Bem o sei, pois dez anos antes havia começado a desenvolver os princípios e o estudo científico da tensão e do relaxamento, tais como hoje os conhecemos.

Eu sentia profundamente o peso daquela responsabilidade. Por um lado, era-me necessário pôr à prova objetivamente todos os progressos nesse campo, evitando qualquer entusiasmo que me pudesse turvar o raciocínio. Contudo, em minha fria análise de cientista, não devia fechar os olhos a nenhuma luz que fosse susceptível de orientar a Humanidade.

Minhas investigações tiveram início no laboratório da Universidade de Harvard em 1908. Eu as prossegui, depois disso, em Vornell e na Universidade de Chicago até 1936. A partir de então, tenho-as levado adiante num laboratório no qual apliquei meus recursos particulares e meu tempo: o Laboratório de Fisiologia Clínica, em Chicago. Os resultados dessas investigações proporcionaram medidas práticas visando aprimorar o estado de saúde dos seres humanos. Essas medidas têm sido testadas e cada vez mais desenvolvidas no decorrer dos anos em minhas clínicas associadas.

Este livro foi, portanto, escrito para ensinar as pessoas a conservarem suas energias e, por conseguinte, a evitarem uma tensão indevida, muito embora continuem a lutar pelo êxito que lhes pareça adequado. Meu objetivo é estimulá-las a tirarem vantagem do "tranqüilizador natural" que existe, pronto para ser usado, em cada um de nós. Por que usar sedativos e drogas tranqüilizantes, com todos os seus efeitos secundários, perguntava o meu amigo de infância Oscar G. Mayer — que inventou a expressão citada — quando a natureza nos dotou de um recurso inato isento de todos esses inconvenientes?

Para ajudar nesse caminho da Medicina preventiva mas também para treinar médicos e educadores em seus respectivos campos da Medicina e da Educação, constituiu-se recentemente a Fundação para o Relaxamento Científico (Foundation for Scientific Relaxation). Trata-se de uma organização sem intuitos lucrativos. É portanto uma filantropia, que, na opinião de seu corpo de homens de negócios, médicos e outros cientistas, é capaz de fazer muita coisa em benefício do bem-estar público.

Compreendo que um livro popular sobre doenças comuns pode induzir muitas pessoas a utilizá-lo para se curar a si mesmas, quando na verdade o que elas realmente necessitam é de diagnóstico e orientação do método de relaxamento proporcionados por um médico, ou de uma outra modalidade qualquer de cuidado médico. O que esperamos finalmente é poder contar com médicos treinados nesta área e que possam estar à disposição do público dos diversos setores do país.

Entretanto, o relaxamento científico não constitui apenas um campo da Medicina. É além disso uma maneira de viver. Está sendo ensinado, hoje em dia, na maioria dos departamentos de Educação Física das universidades de todo o país. Esse nosso campo passou a fazer parte do ensino universitário. Além disso, geralmente se exige dos candidatos a diplomas superiores de Psicologia um conhecimento de seus aspectos científicos.

Exclusivo para Você

Se você deseja tomar conhecimento de outros grandes lançamentos sobre Filosofia, Religião, Ciência e a Vida de Homens que mudaram nosso modo de pensar, basta remeter o cupom, devidamente preenchido, para o endereço abaixo.

MARTIN M CLARET

Rua Alegrete, 62 - Bairro Sumaré - CEP: 01254
Tel.: (11) 3672-8144 - Fax: (11) 3673-7146 - São Paulo - SP
www.martinclaret.com.br

[√] SIM, queiram incluir meu nome no cadastro dos que recebem, GRATUITAMENTE, as informações sobre os lançamentos da Editora.

Nome _____
End. _____
_____ CEP _____
Cidade _____ Est. _____ Tel. _____
Data _____ Assinatura _____

LER MAIS PARA SER MAIS

Invista em você mesmo: Leia mais.
Você nunca é o mesmo depois de ler um livro.
Livro muda as pessoas
Livro muda o mundo.